백성을 사랑한 어진 임금
세종대왕

백성을 사랑한 어진 임금

세종대왕

유명은 지음

아롬주니어

들어가며

세종의 위대함, 애민 정신

　조선 시대 왕 중 가장 뛰어난 능력으로 수많은 업적을 남긴 위대한 임금, 세종대왕. 백성을 사랑한 세종대왕의 목적은 단 한 가지, 모든 백성이 즐겁게 일하며 행복해하는 것이었다.

　세종대왕은 임금의 자리에 있던 32년 동안 유교 정치의 기틀을 확립하고 각종 제도를 바로잡은 것은 물론이며, 조세 제도를 새롭게 하고 천문학과 농업 기술을 발전시켰다.

　우리나라 고유의 음악을 만들고, 백성 모두 쉽게 배울 수 있는 한글을 만들었으며, 오직 백성만을 위하는 정치에 자신의 모든 능력과 열정을 쏟았다. 그리하여 조선 왕조에서 가장 빛나는 업적을 남겼다.

　백성을 사랑한 세종은 '내가 덕이 부족한 사람인데도 백성들의 주인이 되었으니, 오직 백성을 어루만지고 달래 주고자 하는 마음이 간절'한 임금이었다. "일을 함에 있어, 백성들이 안 된다고 하면 그것을 시작해서는 안 된다."는 신념으로 오직 백성을 위한 정치에 앞장 선 임금. 그리하여 마침내 성덕을 갖춘 세종대왕은 백성이 편안히 일하고 행복해하는 세상, 태평성대를 이루었다.

조선 시대를 통틀어 가장 훌륭한 성군으로, 백성들이 즐겁게 일하고 행복을 느끼며 살도록 하기 위해 평생을 노력한 임금 세종.

후대 사람들은 이루 헤아릴 수 없이 위대한 업적을 남긴 세종의 탄신일인 5월 15일을 스승의 날로 정하고, 세종에게 '대왕'이라는 칭호를 붙여 존경을 표시하였다.

실록은 세종대왕을 다음과 같이 평가한다.

"세종대왕은 인륜에 밝았고 모든 사물에 자상하니, 남쪽과 북녘이 복종해 나라 안이 편안하여 백성이 살아가기를 즐겨한 지 30여 년이다. 거룩한 덕이 높고 높으매, 사람들이 **해동 요순**이라 불렀다."

유 명 은

해동 요순 고대 중국의 요임금과 순임금처럼 우리나라에서 가장 어진 임금이라는 뜻

차례

세종의 위대함, 애민 정신 4

세종대왕의 태몽 9

책 속에서 길을 찾다 15

양녕, 세자에서 폐위되다 24

충녕, 임금이 되다 34

형제의 우애 43

소헌왕후 51

대마도 정벌 63

세종, 부모를 잃다 72

인재 발굴과 토론 81

최고의 인재 교육 기관, 집현전 91

최초의 여론 조사 103
조선 음악을 만들다 110
4군 6진의 개척, 국경을 확정하다 121
백성은 밥을 하늘로 삼는다 130
천문학의 발달 142
죄인도 하늘의 백성이다 153
양로연을 베풀다 162
노비의 출산 휴가 168
백성을 가르치는 바른 소리 훈민정음 177
천하의 명당 세종대왕릉 194

조선을 건국하다 204
- 세종의 할아버지 조선을 세우다
- 세종의 아버지 이방원

세종대왕의 태몽

　조선을 **건국**하고 조선 최초의 왕이 된 태조 이성계는 **무술**에 뛰어난 사람이었다. 조선을 건국하기 전, 이성계에게는 아들 여섯 명이 있었는데 무술에 뛰어난 재능을 지닌 무인 집안답게 그 중 다섯 명이 무인으로 성장하였다.
　이성계는 자신을 닮아 무술에 뛰어난 재능을 보이는 아들들이 기특했지만, **학자**로 **관직**에 오르는 아들이 한 명쯤 있었으

건국 나라를 세움
무술 무기 쓰기, 주먹질, 발길질, 말달리기 따위의 무도에 관한 기술
학자 경학, 예학에 통달한 사람 또는 이것을 연구하는 사람
관직 공무원이나 관리가 국가로부터 위임받은 일정한 범위의 직무나 그 직책

면 좋겠다는 생각을 하곤 하였다. 이성계는 가끔 아내에게 말하곤 했다.

"아들들이 모두 무술에 재능을 보여 좋긴 하지만 글을 좋아하는 아들이 한 명쯤 있었으면 하는 바람이 생기는구려."

"다섯째인 방원이 다른 형제들과 달리 글을 좋아하고 학문에 힘쓰니 다행입니다. 그 아이를 학자로 키우면 어떨는지요?"

아내가 웃으며 말하였다.

이성계의 다섯째 아들인 이방원은 다른 형제와 마찬가지로 무인의 기질이 있었지만, 총명했던 그는 무술보다는 학문을 더 좋아해 책을 즐겨 읽었다.

아내의 말에 이성계가 고개를 끄덕였다.

"그렇긴 하오. 방원이 학문에 뜻을 두었으니 **문과**에 시험을 보는 것이 좋을 듯하오."

이성계는 아들 방원이 학문을 좋아하는 것을 보고 무척 흡족해 했다.

문과 예전에, 문관을 뽑던 과거

"방원은 당신의 뜻에 따라 반드시 문과 시험에 합격할 것이니 믿어 보셔요."

"그렇겠지? 반드시 문과에 시험을 치르라 해야겠소."

"그러셔요."

아내도 이성계의 말에 힘을 실었다.

이방원은 아버지의 뜻에 따라 최고의 교육 기관인 **성균관**에서 공부하고 1383년 문과에 합격하였다. 여섯 명의 아들 가운데 유일하게 문과 합격자가 나온 것이었다.

"아버님, 소자 문과에 합격하였사옵니다."

방원의 합격 인사에 이성계는 무척 흡족해하며 기뻐하였다.

"드디어 우리 무인 집안에도 학자가 나왔으니 너무도 기쁘구려."

"그러게 말이에요. 방원이가 정말 해냈어요."

이성계는 아들인 이방원에게 문과 합격 **교지**를 두세 번 읽게 했을 만큼 좋아하였다.

> **성균관** ①고려 시대에, 유학을 전수하던, 나라의 최고학부 ②조선 시대에, 유학의 교훈을 맡아보던 관아
> **교지** 예전에, 임금이 신하에게 주는 공식적인 임명장을 이르던 말

이후 이성계는 1392년에 고려를 무너뜨리고 조선을 건국하였다. 이성계가 조선 최초의 왕이 되자 이방원은 왕자의 자격으로 정안대군이 되었다. 이방원의 부인 민씨는 정녕옹주 칭호를 받았다.

세종이 태어났을 당시 아버지인 이방원은 정안대군으로 왕이 되기 전이었다.

정안대군과 부인 정녕옹주가 잠이 든 어느 날이었다. 깊은 밤, 잠에서 깬 정녕옹주가 남편 이방원을 깨웠다.

"대군, 일어나 보시어요."

"자다 말고 어인 일이오?"

정안대군이 놀라 물었다.

"방금 꿈을 꾸었는데, 참으로 이상해요."

"무슨 꿈인데 그러하오?"

잠결에 일어난 정안대군이 힘겹게 눈을 떴다.

"꿈속에서 집채만 한 황소가 머리에 태양을 이고 오다가 넘어지면서 태양을 떨어뜨렸지 뭐예요. 그런데 갑자기 붉은 옷을 입은 동자가 나타나 이글거리는 태양을 삼키고는 내 품으로 쏙 들어왔어요."

"어허, 예사 꿈이 아니구려. **태몽**이 분명한 것 같소. 태어날 아이는 필시 큰 인물이 될 것이오. 예사 꿈이 아닌 것 같으니 함부로 이야기하지 마시오."

이방원은 필시 태어날 아이가 대단한 인물이 될 것이라는 것을 확신했다. 꿈을 꾸고 난 몇 달 후 사내아이가 태어났다. 태어날 때부터 울음소리가 남달랐던 사내아이는 이방원의 셋째 아들로 훗날 세종대왕이 된다.

1397년, 이방원의 아들로 태어난 세종대왕의 이름은 '도(祹)'이다. 위로는 양녕대군과 효령대군이 있다. 동생으로는 성녕대군이 있었으나 14살 때 죽었다.

태양을 삼킨 동자처럼 세종대왕은 어린 시절부터 **현명**하고 **슬기**로웠으며 배우기를 무척 즐겼다.

태몽 아이 가질 것을 암시하는 꿈
현명 어질고 슬기로워 사리에 밝음
슬기 사물의 이치를 바르게 판단하고 일을 잘 처리해 내는 재능

책 속에서 길을 찾다

　조선에서 왕의 자리를 이어받는 왕자는 당연히 첫째 아들이었다. 왕의 첫째 아들은 **세자**로 **책봉**되어 임금이 되기 위한 수업을 받아야 했다. 그러나 왕위에 오를 세자가 아닌 나머지 왕자들은 죽을 때까지 벼슬도 할 수 없었다.

　조선의 세 번째 임금인 태종 이방원의 첫째 아들은 양녕대군이었다. 당시 양녕대군은 세자에 책봉되어 왕의 수업을 받고 있었다. 임금이 될 사람이 이미 정해졌으므로 양녕대군 이외의 형제

세자 왕위를 이을 왕자
책봉 왕세자, 세손, 비, 빈 등의 지위를 줌

들은 애써 이루어야 할 것이 없었다. 그저 편안히 모든 것을 즐기면 되었다.

당시 세종은 태종의 셋째 아들로 충녕대군으로 불리던 왕자였다. 왕자인 충녕은 어려서부터 책 읽고 공부하는 것을 좋아하여 밤낮없이 공부에 몰두하였다. 태종은 공부만 하고 있는 충녕의 건강을 걱정하여 운동하라고 **권유**하곤 하였다.

"왕자의 신분으로는 벼슬길에 나갈 수도 없으니 공부는 그만하려무나. 네가 좋아하는 것이 있다면 무엇이든 할 수 있도록 할 것이야. 그러니 책 읽는 시간을 줄이고 운동도 하면 좋겠구나."

"아바마마의 뜻을 따르도록 하겠습니다. 하지만 저는 책 읽을 때가 가장 즐겁습니다."

"세자인 양녕이 이처럼 학문을 좋아한다면 얼마나 좋겠느냐."

태종은 한숨을 내쉬었다. 학문을 즐겨하는 충녕이 기특하기도 하였지만 세자인 양녕이 생각났기 때문이었다. 왕이 될 수업을 받는 세자가 공부는 멀리하고 밖으로 나가는 것을 더 좋아하

권유 남에게 어떤 일을 권하여 하도록 함

니, 그것이 걱정이었다.

　충녕은 잠시도 손에서 책을 놓지 않았다. 책 읽는 재미에 푹 빠진 충녕은 밥 먹을 때는 물론이고 밤을 새우는 일도 자주 있었다. 그러한 충녕의 모습을 옆에서 지켜보는 **내관**의 걱정이 날로 늘었다.

　"왕자마마, 식사도 하지 않으시고 잠도 멀리한 채 그리 책만 읽으시니, 병이 날까 염려되옵니다. 이제 그만 책을 내려놓으시옵소서."

　내관이 발을 동동 구르며 간청했지만 충녕은 빙긋이 웃어 보일 뿐이었다.

　"책 속에는 **성현**의 가르침뿐 아니라 내가 알지 못하는 세상이 있구나. **깨달음**을 얻었는가 싶으면 또 다른 의문이 생기니, 그 어찌 답이 궁금하지 않겠느냐? 공부하면서 **지혜**로워지고 세상의 **이치**를 깨닫게 되는 기쁨이 참으로 크도다. 그러하니 어찌

내관 궁중에서 시중을 들며 잡무를 보는, 거세한 남자를 이르던 말
성현 성인과 현인을 아울러 이르는 말
깨달음 모르고 있던 사실을 뒤늦게 알아차림
지혜 사물의 이치나 상황을 제대로 깨닫고 그것에 현명하게 대처할 방도를 생각해 내는 정신의 능력
이치 사물의 정당한 조리 또는 도리에 맞는 취지

이리도 재미있는 책 속 세상에서 빠져 나갈 수가 있겠느냐."

충녕은 유학, 법학, 천문, 의학, 음악 등 다방면의 책을 읽으며 지식을 쌓았다. 완벽하게 그 뜻을 알게 될 때까지 읽고 또 읽기를 반복하였다. 여러 면에서 충녕의 **박식**함이 드러나자 신하들도 놀라지 않을 수 없었다.

"왕자마마가 저리 박식하니 감히 당할 자가 없구려."

"그러게 말이오. 모든 책은 적어도 30번씩 읽고 중요한 책은 100번 이상 읽어 그 뜻을 완전히 터득한다니, 그저 놀랄 뿐이오."

"조선에서는 충녕군의 박식함을 감히 따라 갈 사람이 없을 것이오."

책을 많이 읽고 학문에 깊이가 있다고 소문이 자자한 대신들조차 충녕 앞에서는 감히 말을 꺼내지 못할 정도였다.

어느 날 태종이 산책을 나갔다가 충녕의 **거처**를 찾았다. 충녕은 밤새도록 책을 읽은 탓에 몹시 피곤해 보였다.

박식 널리 보고 들어 아는 것이 많음
거처 일정하게 자리를 잡고 머무는 곳

"또 밤새 책을 읽은 게로구나."

"그러하옵니다."

"학문을 좋아하는 것은 타고난 것이나, 책 읽는 것 외에도 다른 **취미**를 즐기는 것 또한 좋지 않겠느냐. 밤낮으로 방안에 앉아 책만 읽고 있으니 혹여 건강을 해칠까 걱정이로구나. 낮에 나가 햇볕도 쬐고 운동도 하거라."

평소 고기반찬을 좋아하는 충녕은, 운동을 하지 않고 책상 앞에 앉아 책 읽는 시간이 많아 살찐 편이었다. 태종은 진심으로 충녕의 건강을 걱정하곤 하였다.

"알겠사옵니다. 아바마마의 말씀대로 햇볕도 쬐고 운동도 하겠습니다."

충녕은 태종에게 그리하겠다고 말은 했으나, 잠시도 책을 읽지 않으면 몸살이 날 지경으로 몸이 근질거렸다.

"왕자마마, 조금만 더 거닐다 가시옵소서."

충녕의 건강을 걱정한 내관이 운동을 나온 충녕에게 조금 더

취미 전문적으로 하는 것이 아니라 좋아서 즐겨 하는 일

걸을 것을 권하여도 소용없었다. 충녕은 잠시 걷다가 곧바로 돌아가 책상 앞에 앉아 책에 파묻혀 살았다. 그러던 중 충녕이 병이 나서 자리에 눕고 말았다. 병석에 누워서도 충녕은 책 읽기를 멈추지 않았다.

"왕자마마, 병중에도 책을 읽는다는 소식이 전하께 전해지면 큰일 나옵니다. 책을 거두시옵소서."

내관의 말에 충녕은 잠시 책을 내려놓는 듯하다 이내 책을 다시 읽기 시작하였다. 그 소식을 들은 태종이 내관에게 말하였다.

"충녕이 병이 났음에도 책 읽는 것을 멈추지 않는다니, 이러다간 아들을 잃을지도 모르겠구나. 지금 당장 충녕의 방에 있는 모든 책을 치우도록 하라. 단 한 권의 책도 남겨 두지 말아야 할 것이야. 충녕이 건강을 되찾을 때까지 절대로 책을 가까이 하지 못하게 하라."

"명을 받들겠습니다."

태종의 **어명**에 내관들이 충녕의 방을 샅샅이 뒤져 눈에 띄는

어명 임금의 명령

모든 책을 집어 들었다. 방 안에 있던 책들이 사라지자 충녕은 마치 엄마를 잃은 아이처럼 어쩔 줄 몰라 했다.

"책을 한 권만이라도 남겨다오, 부탁이다."

충녕은 책을 남기기 위해 애를 썼지만 내관들은 **단호했다**.

"왕자마마, 저희도 어쩔 수가 없습니다. 잠시 책 읽는 것을 그만두고 건강을 돌보시라는 전하의 어명입니다."

내관이 나가자 충녕은 혹시라도 떨어뜨린 책이 있을까 하여 방 안을 둘러보았다. 하지만 그 어느 곳에도 책은 보이지 않았다. 책을 읽지 못한다고 생각하니 답답해서 숨이 막힐 지경이었다.

"손이 닿는 곳마다 책이 있었는데 이제 방 안에 책이 한 권도 없다니……. 몸이 아픈 것보다 책을 읽지 못하는 것을 더 견딜 수가 없구나."

서성거리던 충녕은 이내 방 안을 샅샅이 뒤지기 시작했다. 그러다가 병풍 사이에 남아 있는 책 한 권을 발견하였다. 충녕의 얼굴에 기쁨의 미소가 번졌다.

단호하다 결심이나 태도, 입장 따위가 과단성 있고 엄격하다

"책이 한 권 남아 있으니 얼마나 다행이냐! 이곳에 있는 책을 못 보고 그냥 가다니, 이것은 필시 하늘이 도우신 거야."

충녕은 그 책을 얼른 감추고는 매일 읽고 또 읽었다. 건강을 회복하는 동안 그 책을 천 번 이상 읽어 책이 너덜너덜해질 정도였다.

책의 내용을 완전히 이해할 정도로 읽고 또 읽기를 거듭했던 세종은, 그야말로 "손에서 책을 놓지 않고 늘 글을 읽는다."는 뜻인 '수불석권(手不釋卷)' 그 자체였다. 평생 책을 가까이하여 결국 눈에 병이 날 정도였다니, 세종이 책을 얼마나 많이 읽었는지 짐작할 수 있다.

양녕, 세자에서 폐위되다

세종에게는 양녕대군(이제)과 효령대군(이보) 두 형이 있다. 세자로 책봉된 양녕대군은 잘 생긴 얼굴에 체격도 좋았다. 하지만 세자임에도 공부하는 것보다는 사냥이나 술 마시는 것을 더 좋아하였다.

세종보다 1살 많은 효령대군은 조용하고 부드러운 성품의 왕자였다. 태종과 원경왕후는 효령의 미소를 보며 흐뭇해하곤 하였다.

"효령이 화를 내는 것을 본 적이 한 번도 없소. 저 아이는 항상 웃는 얼굴이니, 그 모습만 보고 있어도 내 마음이 다 평화로

워지는 것 같소."

태종의 말에 원경왕후가 미소 띤 얼굴로 대답했다.

"그러게 말이에요. 저렇듯 조용하고 부드럽게 사람들을 대하니, 모두들 효령을 좋아한다는군요."

"밖으로 나가는 것을 좋아하는 세자가 효령처럼 부드러운 성품에 충녕처럼 학문을 좋아한다면 더 이상 바랄 것이 없겠소."

태종이 한숨을 내쉬었다.

"세자가 아직 어려서 그러할 것입니다. 너무 걱정하지 마시고 기다려 보세요. 왕이 되어 백성을 다스려야 하니, 반드시 학문에 신경을 쓸 것입니다."

"제발 그리했으면 좋겠구려."

사냥과 술을 좋아하는 세자와는 달리 효령대군은 사냥도 즐기지 않을 뿐 아니라 술을 한 모금도 마시지 못했다. 하지만 충녕은 술도 적당히 마실 줄 알아, 중국에서 사신이 오면 대접할 줄도 알았다.

양녕대군은 세자로 책봉되었지만 호탕한 성격답게 자주 궁궐을 벗어나 술을 마시거나 활쏘기를 즐겼다. 그러다 보니 왕세자로서 지녀야 할 **예의범절**이나 왕이 되기 위해 받아야 하는 공부가 지루하기만 했다.

"책상 앞에만 앉아 있으려니 답답하구나. 사냥이나 가야겠다."

양녕대군은 틈만 나면 활쏘기를 즐기거나 사냥을 떠났다. 학문에 열중하지 못하는 세자 때문에 태종은 마음이 편치 못하였다.

"세자가 배움을 멀리하고 저리 밖으로 나가는 것을 좋아하니, 걱정이로다. 세자를 어찌하면 좋겠는가?"

태종은 황희 정승과 신하들을 불러 한탄하였다.

"전하, 세자께서 아직 어리시니 조금 더 기다리시면 세자로서의 **위엄**을 찾을 것이옵니다."

"세자께서는 현명하시니 곧 학문에 열중할 것이옵니다. 너무 걱정하지 마시옵소서."

"그랬으면 좋겠구려."

예의범절 일상생활의 모든 예의와 절차
위엄 위세가 있어 의젓하고 엄숙한 태도나 기세

위로하는 신하들의 말에 마음이 놓인 태종은 그제야 웃을 수 있었다.

하지만 세자는 점점 더 풍류를 즐길 뿐 학문에는 관심을 두지 않았다. 태종은 여러 차례에 걸쳐 세자에게 임금으로서 지녀야 할 **덕행**을 닦도록 타일렀지만 소용없었다. 태종과 신하들은 더욱더 세자 교육에 힘썼으나, 세자는 오히려 더 대범해져서 궁궐 밖 거리에서 노래하는 사람들과 어울리기까지 하였다.

어느 날, 세자가 중추원 지사를 지낸 곽선의 애첩인 '어리'라는 여인을 빼앗아 궁으로 데려오는 사건이 발생하였다. 이를 안 태종이 크게 노하였다.

"무어라? 그것이 사실이냐? 어찌 세자가 되어 그런 짓을 할 수 있단 말인가? 당장 세자를 들라 하라!"

태종은 세자에게 몹시 화를 내었다.

"세자는 임금이 되어 백성들을 돌보아야 함을 잊었느냐? 장차

덕행 착하고 어진 행실

왕이 될 세자가 어찌하여 배움에는 뜻을 두지 않고 **경망**한 행동만 일삼는가? 어리의 일은 어찌 된 것인지 말하라."

"아바마마, 다시는 그러한 **불미**스런 행동을 하지 않겠습니다."

"세자를 여태껏 믿어 왔건만, 어찌 이리도 날 실망시키는가? 당장 어리를 궁에서 내보내고 학문에 전념하라!"

"알겠사옵니다. **명심**, 또 명심하여 그대로 행하겠습니다."

"정말이냐?"

"그러하옵니다. 용서해 주시옵소서."

세자가 눈물을 흘리며 용서를 구하였다.

"알겠다. 이번 한 번만 더 세자를 믿어 보겠다. 더 이상 나와 백성들을 실망시키지 말라."

"알겠사옵니다."

태종의 나무람이 있을 때마다 세자는 공부에 전념한다고 약속하였다. 하지만 그때 뿐 세자의 행동은 변하지 않았다.

그러던 중 태종과 원경왕후가 몹시 아끼는 막내아들 성녕대

경망 말이나 행동 따위가 매우 가볍고 방정맞음
불미 아름답지 못하고 추잡함
명심 어떤 일이나 말 따위를 마음속에 깊이 새겨 둠

군이 **완두창**에 걸려 죽고 말았다. 태종과 원경왕후가 성녕대군의 죽음에 슬퍼하고 있을 때, 세자가 태종을 속이고 어리를 만나며 아이까지 낳았다는 소식이 들려왔다. 막내아들의 죽음으로 슬픔에 잠겨 있던 태종이 세자를 불러 야단을 쳤다.

"세자는 나와 분명히 약속을 했다. 그런데 아직까지 **과인**을 속이고 있었다니, 어찌 그런 일이 있을 수 있단 말이냐? 헤어지겠다더니 어리에게 아이까지 낳게 해? 세자는 불미스런 짓을 **반성**하고 어리를 당장 궁에서 내보내거라!"

"……."

"어찌 대답이 없느냐? 당장 어리를 궁에서 내보내지 못할까?"

"아바마마, 정신 차리겠습니다. 용서해 주시옵소서."

"잘못한 일이 있을 때마다 너는 용서를 빌었고, 나는 용서하였다. 그럼에도 불구하고 어찌 이런 일이 계속 생기느냐? 너는 장차 왕이 될 세자의 몸이다. 그것을 잊었느냐?"

> **완두창** 천연두
> **과인** 임금이 자기를 낮추어 이르던 말
> **반성** 자기 언행에 대해 잘못이나 부족함이 없는지 돌이켜 봄

"아니옵니다. 모든 것을 잊고 새 출발하는 마음으로 학문에만 열중하겠사옵니다. 마지막으로 저를 믿어 주시옵소서."

"정말이냐? 이번에는 너를 믿어도 되겠느냐?"

"성녕대군을 잃은 슬픔에 잠겨 계신 아바마마께 어찌 또 거짓을 아뢰겠습니까? 진정으로 반성하고 있사옵니다."

세자의 눈물어린 말에 태종의 마음도 조금 **누그러졌다**.

"아바마마, 믿어 주십시오. 세자로서 충실히 학문에만 전념하겠습니다."

"그래. 진정으로 뉘우친 것 같으니 세자를 믿어 보마. 이번이 마지막이다. 그리 알고 물렀거라."

태종은 세자를 믿기로 하였다. 하지만 세자는 반성하기는커녕 오히려 태종에게 **항의**하는 편지를 보냈다.

"아바마마는 여러 명의 **후궁**을 거느리는데 어찌하여 세자인 저는 그러면 안 되는 것이옵니까?"

세자의 편지를 본 태종의 노여움은 극에 달했다.

> **누그러지다** 흥분되거나 긴장되어 있다가 약해지거나 부드러워지다
> **항의** 어떤 일에 대하여 그 부당함을 따지고 반대 의견을 밝힘
> **후궁** 제왕의 첩

"무어라? 세자가 뉘우치기는커녕 감히 이런 편지를 보내다니! 괘씸한지고. 세자를 도저히 용서할 수가 없구나."

노여워하는 태종의 눈치를 보며 신하들은 세자 **폐위**를 **주장**

폐위 왕이나 왕비를 그 자리에서 몰아냄
주장 자신의 의견이나 주의, 권리를 굳게 내세움

하는 **상소**를 올렸다.

"전하. 세자께옵서 전혀 뉘우침이 없으니 **종묘사직**을 위해서라도 세자를 폐하심이 마땅한 줄 아뢰옵니다."

"왕이 되어 백성을 다스려야 할 세자가 궁궐을 자주 빠져나가 거리에서 노래하는 이들과 어울리고 있다는 소문이 파다합니다. 이는 있을 수 없는 일이옵니다."

태종은 양녕을 세자에서 폐위해야 한다는 상소를 받고 마음이 무척 아팠다.

"전하, 세자는 이미 전하와의 약속을 여러 번 어겼을 뿐 아니라 세자로서 해서는 안 될 행실을 저지르고 있습니다. 마땅히 세자를 폐함이 옳은 일입니다."

"정녕 세자를 폐하여야 한단 말이냐?"

"전하, **통촉**하여 주시옵소서."

"어쩔 수 없는 일이로구나."

신하들의 의견을 받아들인 태종은 1418년 양녕을 세자에서

상소 임금에게 글을 올리는 일이나 그 글
종묘사직 왕실과 나라를 통틀어 이르는 말
통촉 깊이 헤아려 살핌

폐위시켰다. 양녕이 세자로 책봉된 지 14년 만이었다. 그때 양녕은 스물다섯 살이었다.

충녕, 임금이 되다

　태종의 업적 중 가장 위대한 것을 꼽으라면 셋째 아들 충녕대군을 왕으로 세운 것이라 할 수 있다.

　조선 시대는 첫째 아들이 왕위를 이어받기 때문에 태종의 셋째 아들인 충녕대군은 왕이 될 수 없었다. 하지만 **방탕**한 생활을 하던 첫째 아들 양녕대군이 세자 자리에서 쫓겨났고, 둘째 아들 효령대군은 불교에 심취하여 왕의 자리를 탐하지 않았다. 그랬기에 학문에 열중했던 셋째 아들 충녕이 자연스럽게 임금

방탕 술, 성적 쾌락, 노름 등에 과도하게 빠져 바르게 살지 못함

자리에 오를 수 있었다.

"충녕대군은 총명하고 학문이 깊어 지혜롭다. 또한 말과 행동이 모두 **예절**에 맞고 인자하다. 술을 적당히 마실 줄 알며 중국 사신을 대하는 능력도 탁월하니, 세자로 책봉하고자 한다. 그대들 의견은 어떠한가?"

충녕대군을 세자로 삼고자 하는 태종의 결심에 신하들 모두 고개를 조아렸다.

"전하, 충녕대군은 성품이 어질고 치우침이 없으니 세자로 적합하옵니다."

"지혜롭고 인자함은 물론 학문도 충녕대군을 따를 자가 없으니 마땅하옵니다."

"전하, 백성을 보살필 줄 아는 충녕대군을 세자로 책봉하심이 옳은 줄 아뢰옵니다."

학문을 사랑하는 충녕대군의 총명함과 지혜, 사람에 대한 인자함을 눈여겨보았던 태종의 결단에 대부분의 신하들도 찬성하

예절 사람이 행하고 지켜야 할 예의 바탕이 되는 말씨나 몸가짐. 예의범절

였다. 충녕대군은 양녕대군이 세자에서 폐위되자 곧 세자로 책봉되었다.

태종은 자신이 아직 힘이 있을 때 충녕대군을 왕으로 **즉위시**켜야겠다고 결심하였다. 실질적으로 임금의 위치에서 나랏일을 처리하는 것은, 세자로서 보고 듣는 것과는 전혀 다른 세상이기 때문이었다.

"충녕을 세자로 책봉했으니, 이제 임금의 역할을 잘 할 수 있도록 도와주어야겠소. 세자로 있으면서 임금의 수업을 받는 것보다는 임금이 되어 직접 나랏일에 참여하는 것이 왕으로서 안정을 빨리 찾는 길이요. 그러니 충녕이 훌륭한 왕이 될 수 있도록 내가 힘이 있을 때 도와주는 것이 좋겠소."

"뜻이 그러하시다면 그리하십시오."

원경왕후도 태종의 말에 찬성하였다. 깊은 생각에 잠겨 있던 태종은 충녕대군을 세자로 책봉한 지 두 달 만에 왕위를 물려주겠다고 신하들에게 말하였다.

즉위 새로운 임금이 왕위에 오름

"세자가 책봉된 지 이제 두 달이 되었소. 비록 세자 수업은 깊이 있게 받지 못했지만, 지혜로움과 백성을 생각하는 마음은 그 누구도 따를 자가 없소. 세자가 큰 뜻을 펼칠 때가 되었으니 왕위를 세자에게 물려주고 나는 물러날 것이오."

갑작스런 태종의 발표에 신하들이 깜짝 놀라 반대하였다.

"전하, 충녕대군이 세자로 책봉된 지 이제 두 달 되었사온데 왕위를 물려주신다니 아니 되옵니다."

"왕이 되기 위한 공부를 이제 막 시작한 세자에게 갑자기 왕위를 물려주신다니요? 전하, 그것은 있을 수 없는 일이옵니다. 그 뜻을 거두어 주시옵소서."

"아직 전하께서는 옥체 건강하시옵니다. 아니 되옵니다, 전하."

대신들의 반대에도 불구하고 태종의 결심은 전혀 흔들리지 않았다.

"대신들도 알다시피 세자는 학문이 깊고 백성을 사랑하는 마음이 넘쳐난다. 왕이 되는데 그것보다 더 중요한 것이 무엇이 있겠는가? 세자는 그 어떤 왕보다 나라를 굳건히 하고 백성을 잘 다스릴 것이다."

태종은 자신의 뜻대로 충녕대군에게 왕위를 물려주었다. 1418년 8월, 충녕대군은 세자로 책봉된 지 두 달 만에 조선 제4대 임금으로 즉위하였다.

"나는 이제 왕위를 물려주고 **상왕**으로 물러나 있으나, 주상(임금)이 서른 살이 될 때까지 군사는 내가 직접 **관장**할 것이다. 또한 나라의 중대한 문제는 주상과 함께 의논할 것이니, 그리들 알라."

태종은 비록 왕위를 세종에게 물려주었지만 군대를 **통솔**할 수 있는 **권력**은 넘기지 않았다. 형제들을 죽이고 왕위에 오른 태종이었기에, 아들인 세종만큼은 **친척**들이나 신하들에게 시달리지 않고 백성을 위한 정치를 펼치길 바라는 마음에서였다. 그랬기에 왕위에 오른 세종이 주변으로부터 **위협** 받지 않고 마

상왕 살아 있으면서 왕위를 물려준 왕
관장 일을 맡아서 주관함
통솔 조직이나 집단, 사람들을 거느리고 다스림
권력 남을 자신의 뜻대로 움직이거나 지배할 수 있는 공인된 힘
친척 혈족이나 혼인 관계를 통해 혈연적으로 관계가 있는 일정한 범위의 사람들
위협 힘으로 으르고 협박함

음 편히 나랏일을 할 수 있도록 군대 통솔권을 쥐고 세종을 돕기로 한 것이다.

세종이 나랏일에만 집중하기를 바란 태종은 세종에게 왕위를 물려주면서 말하였다.

"모든 나쁜 일은 내가 지고 갈 터이니, 너는 백성이 즐겁게 일하고 편하게 살 수 있는 태평성대를 열도록 하라."

"아바마마의 뜻을 받들어 오직 백성을 위하는 정치를 펼치도록 하겠습니다."

세종은 백성이 즐겁게 일하고 편히 살 수 있도록 하라는 태종의 말을 가슴에 새기었다.

세종은 왕이 됨을 알리는 즉위식에서 어진 임금이 되어 백성이 편하게 사는 세상을 만들겠노라 다짐하였다.

"일체의 제도는 선대왕께서 만든 법도를 따라갈 것이다. 하늘을 **공경**하고 어짊을 베풀어 백성을 위하는 정치를 할 것이다."

세종의 말에 대신들 모두 고개를 숙여 새로운 왕의 탄생을 진

공경 남을 대할 때 몸가짐을 조심스럽게 하고 받들어 모심

심으로 기뻐하였다. 상왕이 된 태종은 세종이 임금으로서의 위엄을 갖출 수 있도록 세심하게 모든 면에서 도와주었다. 세종은 태종 덕분에 보다 빠르게 임금이 해야 하는 일을 배울 수 있었다.

어진 왕이 되기 위해서는 무엇보다 백성의 생활을 알아야 할 것이었다. 백성의 삶이 어떠한지를 알고 싶었던 세종 신하들에게 이렇게 말했다.

"나는 궁중에서 생활했기 때문에 백성들의 일을 자세히 알지 못한다. 그러니 그대들은 백성들이 필요로 하는 것이 무엇인지 살펴보도록 하라. 만약 백성들이 원하는 것이 있다면 빼놓지 말고 모두 아뢰도록 하라. 그래야 백성들을 위한 정책을 펼 수 있을 것이다."

세종의 말에 신하 정초가 아뢰었다.

"전하, 저희들에게 백 번 듣는 것보다 백성들이 어찌 사는지를 직접 살펴보시는 것이 좋을 듯하옵니다. 그래야 백성들이 어떻게 살고 있는지, 무엇을 필요로 하는지 정확히 알 수 있을 것이옵니다."

"그렇겠구나. 당장 궁궐 밖으로 나가 백성들의 삶을 직접 살펴보아야겠다."

세종은 내관과 함께 궁궐 밖으로 나가 백성들의 삶을 직접 살펴보며 백성을 위하여 해야 할 일이 무엇인가를 고민하곤 하였다.

"주상이 참으로 현명하고 백성을 위하는 마음이 크니 마음이 놓이는구나. 임금을 잘 얻었으니 이제 걱정이 없다. 주상은 필시 태평성대를 이룰 것이로다."

상왕이 된 태종은 백성을 두루 살피고 신하들과 의논하는 세종을 지켜보면서 몹시 기뻐하였다. 신하들 또한 나랏일을 함에 있어 옳고 나쁜 것을 판단하여 정확하게 처리하는 왕을 보고 모두 존경하였다.

형제의 우애

　양녕대군은 세자에서 폐위된 뒤 한양을 떠나 다른 지방에 머물고 있었다. 충녕대군이 왕이 되자, 신하들은 혹여 폐위된 양녕대군이 세종에게 해를 끼칠까 걱정하였다. 하지만 세종은 오히려 양녕을 감싸며 신하들을 안심시켰다.
　"선왕께서 양녕대군을 세자에서 폐하시고 나를 임금으로 세웠으나, 우리는 여전히 우애가 좋다. 양녕대군은 사냥과 풍악을 좋아할 뿐 다른 잘못은 없으니 괜스레 걱정하지 말라."
　세종은 태종이 죽자 지방에 있는 양녕을 한양으로 오도록 하였다.

"형님께서 한양을 떠나 외지에 계시니, 그 불편함이 클 것이옵니다. 다시 한양으로 오셔서 생활하는 것이 어떨지요?"

"전하께서 그리 말씀하시니, 저야 좋지만 신하들이 반대하지 않겠습니까? 전하의 따뜻한 마음만으로도 충분합니다."

양녕이 애써 웃으며 대답하였다.

세종이 양녕을 한양으로 불러들이려 하자, 양녕의 말처럼 신하들이 반대하였다.

"전하, 양녕대군은 행실이 아직도 단정하지 못하니, 지방에 머물게 함이 마땅하옵니다. 다시 한 번 생각하여 보시옵소서."

"양녕대군이 한양으로 온대도 혹여 전하께 해가 될까 걱정되옵니다. 지금 살고 있는 곳에서 계속 머물게 하는 것이 좋을 듯하옵니다."

신하들의 말을 듣고 있던 세종이 조용히 말하였다.

"그렇지 않소. 양녕대군도 이제 나이가 많아 예전 행동이 없어졌을 것이오. 나도 그대들처럼 가까이에서 형제의 **우애**를 나

우애 형제간 또는 친구 간의 사랑이나 정분

누고 싶소."

세종은 신하들의 반대에도 불구하고 한양에 양녕이 머물 곳을 마련해 주었다. 그러고는 가끔 술자리를 베풀며 형제애를 나누었다.

불교에 심취하여 절에서 지내기를 좋아했던 효령대군은 특히 세종과 사이가 좋았다. 세종은 효령과 함께 허물없이 **격구**를 즐기곤 하였다.

어느 날 효령이 병이 나자, 세종은 **승려**들을 흥덕사에 모아 놓고 효령이 빨리 건강을 회복할 수 있도록 불공을 드리게 하였다. 그러고는 몸이 아픈 효령을 위로하기 위해 잔치를 베풀어 주고 직접 찾아갔다.

아픈 몸을 이끌고 마중 나온 효령을 본 세종은 눈물을 흘렸다.

"형님의 아픈 모습을 보니 마음이 편치 않습니다. 어서 빨리

격구 말을 달리며 채 막대기로 공을 쳐 구문에 넣는 경기이자 무예
승려 출가하여 석가모니의 가르침에 따라 수련하고 그것을 널리 알리는 사람

건강이 좋아져야 할 텐데요."

"눈물을 거두십시오. 전하께서 그리 걱정해 주시니 곧 나을 것입니다."

"그러셔야지요."

"전하, 바람이 찹니다. 어서 안으로 드시지요."

세종과 효령이 이야기를 나누며 잔치를 즐기는데, 비가 부슬부슬 내리기 시작하였다. 빗방울이 점점 굵어지는 듯하자 세종이 주위를 살피며 일어섰다. 자신 때문에 비에 젖고 있을 군사들이 걱정되었던 것이다.

"형님과 밤새 이야기를 나누고 싶었습니다. 한데 저리 비가 내리니, 나를 기다리는 군사들이 비에 젖고 있을 것입니다. 이만 돌아가야겠습니다."

"백성을 위하는 전하의 고운 마음은 여전하십니다. 그 마음을 잃지 마십시오."

"형님 말씀 명심하지요. 얼른 **쾌차**하여 함께 격구를 즐깁

쾌차 병이 깨끗이 나음

시다."

"격구, 좋지요! 어서 가세요, 전하. 비를 맞아 혹여 옥체라도 상할까 걱정입니다."

효령이 미소 지으며 세종과 작별 인사를 나누었다.

세종은 왕이 된 뒤에도 형제들을 자주 만나 우애를 나누었다. 양녕 또한 절에 머무는 효령을 가끔 찾아가곤 하였다.

효령이 회암사에서 법당을 짓고 있을 때의 일이다.

양녕이 사냥하여 잡은 새와 짐승을 가지고 효령이 머무는 회암사를 찾아왔다.

"어서 오십시오, 형님."

효령이 반갑게 양녕을 맞았다.

"잘 있었는가? 그동안 스님 모습이 다 되었군."

양녕이 허허 웃으며 사냥해서 잡은 새를 내려놓았다. 그러고는 절 안에서 불을 피워 새를 구워 먹으려 하였다. 그 모습을 지켜보던 효령이 한마디 하였다.

"형님, 여기는 불공을 드리는 신성한 절입니다. 절에서는 살아 있는 생명을 죽이는 것을 금한다는 것은 아시지요? 그러니 잡은 새를 이곳에서 구우면 안 된답니다."

효령이 슬그머니 양녕을 나무랐지만 양녕은 아무렇지도 않다는 듯 새를 구우며 답하였다.

"살아서는 임금의 형이요, 죽어서는 부처님을 믿는 효령 덕분에 극락에 갈 터이니, 그 얼마나 **축복**받은 인생인가. 허허허."

양녕의 말에 효령도 슬그머니 웃었다. 효령은 왕실의 어른으로 존경 받으며 90세까지 살면서 많은 절을 지었다.

세종의 동생인 성녕대군(이종)은 다른 형제들과는 달리 아버지 이방원이 왕이 된 이후에 궁궐에서 태어났다. 어려서부터 용모가 뛰어나고 총명했던 성녕대군은 태종과 원경왕후가 몹시 사랑하는 막내둥이 아들이었다.

세종 또한 동생인 성녕을 몹시 아꼈는데, 성녕은 14살 되던 해에 완두창에 걸리고 말았다. 성녕의 병이 깊어지자, 당시 충

축복 미래가 행복하기를 빌거나 그것을 기뻐하여 축하함

녕대군이던 세종은 의원을 거느리고 밤낮으로 성녕의 곁에서 친히 병간호를 하였다.

"어서 빨리 병을 털고 일어나거라. 너의 아픈 모습을 보니 가슴이 너무 아프구나."

"예, 저도 어서 빨리 일어나 형님과 함께 재미있는 이야기를 나누고 싶습니다."

성녕이 형을 향해 힘겹게 미소를 지어 보였다.

"그래, 얼른 나아서 나와 함께 즐겁게 이야기도 나누고 격구도 하자꾸나."

성녕이 힘겹게 고개를 끄덕였다. 성녕은 자신의 곁을 떠나지 않고 보살피는 충녕의 손을 잡은 채 잠이 들곤 하였다.

"충녕이 잠도 잊은 채 저리도 정성껏 간호하니, 그 정성을 보아서라도 부디 성녕의 병이 빨리 나았으면 좋겠소."

"그러게 말이에요. 어서 빨리 성녕이 병을 털고 일어나야 할 텐데 걱정이에요."

태종과 원경왕후는 아픈 동생의 곁을 떠나지 않고 정성으로 간호하는 충녕에게 감동받아 눈물을 흘렸다. 그러나 성녕은 결국 병을 이기지 못하고 14살의 나이로 죽고 말았다.

소헌왕후

충녕은 세자에 책봉되기 전인 1408년 청천 부원군 심온의 딸과 혼인하였다. 충녕이 왕이 되자 아내 심씨는 소헌왕후가 되었다.

"어린애가 어쩌면 저리도 마음이 고울까?"

"그러게요. 인정이 많은 아이에요."

이웃 사람들이 칭찬할 정도로 어릴 적부터 인자한 성품이었던 소헌왕후는 부모의 사랑을 **담뿍** 받으며 자랐다. 충녕과 혼

담뿍 넘칠 정도로 가득하거나 소복한 모양

인하여 왕후가 된 뒤에도 자애롭고 **겸손**하여 궁궐 안에 **칭찬**이 자자했다.

세종이 강원도 횡성으로 사냥을 하기 위해 떠나 있을 때의 일이다. 궁궐에 큰 불이 나자 임금을 대신해 소헌왕후가 신속하게 신하들을 불러 모아 불을 끄게 하였다.

"불이 난 창고에 있는 돈과 식량은 구할 수 없어도 할 수 없다. 국왕들과 왕후들의 **신주**를 모시고 있는 종묘와 창덕궁 쪽으로 불이 번지지 않게 온 힘을 다하라!"

왕이 궁궐에 없었음에도 당황하지 않고 재빠른 판단으로 불을 끄고 종묘를 구할 수 있었을 만큼 소헌왕후는 지혜로웠다.

충녕이 왕이 되자 장인인 심온은 영의정이 되었다. 하지만 태종에 대한 불충 죄로 **억울**하게 1418년 **사약**을 받고 죽었다. 이후 소헌왕후의 형제들과 어머니마저도 **역적** 집안이라 하여 **관**

겸손 남을 존중하고 자기를 낮추는 태도가 있음
칭찬 좋은 점이나 착하고 훌륭한 일을 높이 평가함 또는 그런 말
신주 사당 따위에 모셔 두는 죽은 사람의 위패
억울 아무 잘못 없이 꾸중을 듣거나 벌을 받거나 하여 분하고 답답함 또는 그런 심정
사약 임금이 죽을죄를 지은 신하에게 내리는 독약
역적 자기 나라나 임금에게 반역하는 사람

아의 **노비** 신분이 되었다.

세종은 자신이 사랑하는 왕후의 친정이 **풍비박산** 났음에도 평소와 다름없이 차분하게 정사를 돌보았다. 왕이자 남편의 그러한 모습이 서운하고 원망스럽기도 했을 터이지만 소헌왕후는 원망하지 않았다.

아버지가 억울하게 사약을 받아 죽임을 당하였고, 가족들 모두 노비 신세로 전락하였지만 소헌왕후는 그저 속으로만 슬픔을 삭일 뿐이었다. 소헌왕후는 고통을 내색하지 않고 태종과 세종에게 **헌신**하였다. 아랫사람들에게도 늘 자애롭게 대하자 사람들은 감동하여 소헌왕후를 칭찬하였다.

"왕후는 참으로 덕이 깊고 겸손하도다. 자애로움이 가히 버드나무와 같이 늘어져, 왕후의 덕이 미치지 않는 곳이 없구나."

상왕인 태종 또한 어질고 착한 며느리인 소헌왕후를 칭찬하며 몹시 아꼈다.

관아 관리나 벼슬아치가 모여 나랏일을 처리하는 곳
노비 사내종과 계집종을 아울러 이르는 말
풍비박산 산산이 부서져 사방으로 날아가거나 흩어짐
헌신 몸과 마음을 바쳐 있는 힘을 다함

어느 날, 세종은 슬픔에 젖어 있는 왕후를 찾아가 위로하였다.

"친정이 그리 되었으니 얼마나 가슴이 아프겠소. 중전(왕의 아내)의 원망과 슬픔을 내 모르는 바 아니오. 허나 내가 지금 중전의 친정을 위해 나선다면 아바마마는 더 크게 화를 낼 것이오. 그러니 내가 침묵하는 것만이 중전을 위하는 최선의 방법이오. 미안하오."

"전하의 마음을 제가 왜 모르겠습니까? 전하께서 그리 하실 수밖에 없는 사정 또한 저도 잘 알고 있습니다. 저는 오직 전하만을 믿고 따르겠사옵니다."

소헌왕후가 눈물을 흘리자 세종은 깊게 한숨을 내쉬며 말없이 안아 주었다.

왕후의 아버지인 심온이 죽자 신하들이 소헌왕후를 폐비시켜야 한다는 상소를 올렸다.

"전하, 죄인의 딸은 중전의 자리에 있을 수 없사옵니다. 마땅히 폐비시켜야 하옵니다."

"그렇사옵니다. 역적의 딸을 폐비시킴이 옳은 줄 아뢰옵니다."

"역적의 딸이 여전히 중전으로 있다는 것은 아니 될 일입니다. 폐비시켜야 하옵니다."

신하들의 상소를 지켜보던 상왕 태종은 이를 허락하지 않았다.

"옛날에도 그 아버지가 죄를 지었지만 죄인의 딸이 임금의 아내가 된 일이 있었다. 지금의 중전 또한 아버지가 비록 역적으로 죽었으나, 중전에게는 죄가 없다. 죄 없는 왕후를 내쫓는 일은 없을 것이니, 폐비 주장은 더 이상 하지 말라."

그럼에도 신하들이 끊임없이 상소를 올리자 이번에는 세종이 신하들을 향하여 강한 목소리로 **일침**을 놓았다.

"백성들도 자신의 아내가 잘못을 했어도 함부로 내치지 않는다. 백성들도 그러한데, 임금이 죄 없는 아내를 버린다면 어찌 백성들이 임금을 믿고 따르겠는가? 다시는 폐비 상소를 올리지 말라."

성품이 자애롭고 인자한 아내를 아끼는 세종은 신하들의 끈질긴 상소에도 불구하고 끝까지 소헌왕후를 보호하였다.

일침 침 한 대라는 뜻으로, 따끔한 충고나 경고를 비유적으로 이르는 말 세종은 아내에게도 예의를 갖추는 임금이었다.

"전하, 중전마마 납시옵니다."

내관의 말에 세종이 벌떡 일어나 왕후를 맞았다. 임금은 그 누가 와도 일어나지 않는 법이었다. 하지만 세종은 왕후를 맞이할 때마다 항상 일어나 예의로 맞았다.

"중전 얼굴이 많이 수척해졌구려."

세종과 마주 앉은 소헌왕후가 자신의 얼굴을 감쌌다. 슬픔을 애써 감추는 왕후의 모습에 세종은 마음이 아팠다. 역적이 된 가문이기에, 왕후이면서도 노비가 되어 고생하는 친정어머니조차 만나지 못하는 아내에게 미안하기도 했다.

슬픔과 고통을 오직 속으로 누르며 왕자들을 돌보고 자애롭게 아랫사람을 대하는 왕후였다. 세종은 소헌왕후가 친정어머니를 몹시 그리워한다는 것을 알고 있었다. 세종이 부드러운 목소리로 말했다.

"장인의 신분을 다시 찾아 주지 못해 미안하오. 하지만 친정 식구들은 곧 노비에서 풀려나 양인 신분을 되찾을 것이니, 슬프더라도 잠시만 기다려 주시오."

"전하의 은혜가 이리도 크니 감사하옵니다."

"중전, 이제 맘 놓고 식사도 하고 웃음도 되찾으시구려. 중전의 웃는 얼굴을 본 지 오래되었소."

"제가 그러하였습니까? 전하의 심기를 불편하게 할까 봐 조심한다고 하였는데도, 슬픔이 큰 탓에 그만……."

"괜찮소. 당연히 그럴 것이오. 이제 곧 친정어머니도 만나게 될 것이니, 마음 편히 갖도록 하시오."

"전하의 성은에 늘 **감동**하옵니다."

세종과 소헌왕후는 언제나 다정하였고 서로 믿고 의지하였다.

"왕후는 덕이 있으며 마음이 깊고 고요하다. 그러한 왕후가 친정어머니를 만나지 못한 것이 너무 오래되었다. 어머니를 가까운 친척 집으로 불러 왕후와 만날 수 있도록 하라."

감동 크게 느끼어 마음이 움직임

왕후를 사랑하고 측은해하는 세종의 마음을 아는 신하들도 반대하지 않았다.

"중전, 이제 마음껏 어머니를 만나셔도 됩니다. 어머니를 만나 그동안 하지 못했던 마음속 이야기를 마음껏 풀고 오시오."

"전하, 감사하옵니다."

소헌왕후는 기쁨의 눈물을 흘렸다. 세종도 그제야 편안한 마음으로 아내를 보고 웃을 수 있었다.

세종 즉위 8년만에 왕후의 친정어머니 안씨와 가족들은 노비에서 양인 신분을 되찾았다.

소헌왕후는 궁궐에서 일하는 궁인들은 물론 세종의 후궁들에게도 존경을 받았다. 세종에게 사랑받는 후궁을 질투하는 것이 아니라 오히려 더 잘 대해 주었다. 남편인 세종의 마음을 편안하게 하려는 것이었다.

"왕후께서 우리를 이리 대접해 주시고 믿어 주시니 어머니처럼 믿고 따르리라."

후궁들은 인자한 소헌왕후를 진심을 다해 공경하였다. 소헌

소현왕후 59

왕후 또한 세종이 사랑하는 후궁에게 자신이 낳은 아들을 돌보게 할 만큼 믿음을 보냈다.

"그대를 믿고 왕자를 맡기니 잘 돌보아 주시오."

"왕후께서 저를 믿고 왕자님을 맡기시니 정성을 다해 보살피겠습니다."

후궁들은 진심을 다하여 왕후가 낳은 왕자를 소중하게 돌보았다.

모두에게 존경 받는 왕후를 세종은 몹시 사랑하였다. 소헌왕후가 병으로 몸져눕자 세종은 수시로 왕후를 찾아보며 병세를 살피곤 하였다.

"중전, 얼른 병을 털고 일어나세요. 중전이 이리 누워 있으니 나도 기운이 빠집니다."

"이리 누워만 있으니 전하께 면목이 없습니다."

"그러니 얼른 몸을 추스르세요."

세종은 다정하게 아내의 손을 잡았다. 소헌왕후의 얼굴에 환한 미소가 감돌았다.

이후 왕후의 병이 낫자 세종은 의원과 의녀들에게 상을 내릴 정도로 기뻐하였다.

　소헌왕후는 국모로 있던 29년 동안 인자한 성품으로 궁궐의 안살림을 책임지고 여인들을 잘 통솔하여 안정되게 하였다.
　소헌왕후는 임금이 하는 일에 전혀 참견하지 않았고, 작은 일도 자기 뜻대로 하지 않았다. 권세를 이용해 친척에게 벼슬자리를 내주는 일도 하지 않았다. 주어진 상황마다 지혜롭고 인자하게 아랫사람을 대하는 소헌왕후의 모습에 세종은 물론 신하와 백성들 모두 왕후를 공경하였다.
　세종이 성군이 될 수 있었던 것에는 소헌왕후의 아낌없는 내조와 정치력이 적지 않은 영향을 끼쳤다고 할 수 있다.
　1446년, 세종이 믿고 의지하던 아내 소헌왕후가 둘째 아들인 수양대군의 집에서 세상을 떠났다. 세종은 몹시 슬퍼하였다.
　"내게 의지처가 되어 주던 왕후가 떠났으니 몹시 슬프구나. 내가 죽거든 반드시 왕후와 함께 묻도록 하라."

권세 권력과 세력을 아울러 이르는 말

슬픔에 빠진 세종은 죽기 전까지 다른 왕비를 맞이하지 않았다. 세종은 죽은 후에 소헌왕후와 함께 묻혔다.

부부 금실이 좋았던 세종과 소헌왕후는 8남 2녀의 자녀를 두었다. 첫째 아들이 문종, 둘째 아들이 세조(수양대군), 셋째 아들이 안평대군이다. 또 세종에게는 5명의 후궁이 있었는데, 이들과의 사이에서도 10남 2녀를 낳았다.

대마도 정벌

조선 건국 이전인 고려 때부터 백성들은 대마도에 사는 일본인들이 떼를 지어 다니면서 사람을 잡아가거나 재물을 빼앗아 가는 짓에 자주 시달렸다. 일본인들이 주로 사는 대마도는 기름지지 못하고 물기가 없는 메마른 땅이어서 농사짓기가 어려워 먹을 것이 귀했다. 먹을 것이 없자 대마도에 사는 일본인들은 자주 조선의 해안가로 쳐들어 와 도둑질을 하면서 백성들을 괴롭혔다.

대마도에 농사가 제대로 되지 않자, 재물을 빼앗기 위해 중국으로 떠나던 일본인들이 조선의 바닷가에 들러 조선 배에 불을 질렀다. 그뿐 아니라 마을로 가서 강제로 물건과 곡식을 빼앗았다. 일본인들에게 재산을 빼앗긴 백성들은 온갖 고통을 당하였다.

"전하, 대마도에 사는 일본인들이 바닷가에 머물고 있는 우리 배에 불을 질러 태웠습니다. 마을로 가서 도둑질은 물론이고 강제로 물건을 빼앗아 달아나는 일이 자주 일어나고 있사옵니다."

"일본인들로 인해 바닷가 마을에 사는 백성들의 고통이 커지고 있사옵니다. 대책이 필요하옵니다."

"일본인들로부터 백성들을 보호해야 하옵니다."

신하들이 일본인들에게 고통받고 있다는 백성들의 소식을 전할 때마다 세종은 속이 타들어갔다. 일본인들의 나쁜 행동을 보고만 있을 수 없던 세종은 즉위 1년 되던 해인 1419년, 대마도 **정벌**에 나섰다.

당시에는 군사 통솔권을 상왕인 태종이 쥐고 있었다. 세종은 태종에게 대마도를 정벌해야 한다고 적극적으로 **의지**를 밝

> **정벌** 다른 나라 죄 있는 집단을 무력으로 침
> **의지** 어떤 일을 이루려는 적극적인 마음

했다.

"아바마마, 일본인들의 도둑질이 심해지다 못해 배에 불을 지르고 백성들을 죽이는 지경에 이르렀습니다. 그들을 두고 볼 수만은 없습니다."

"무어라? 괘씸한 것들. 반드시 무찔러야 할 것이야."

"아바마마, 어찌하면 좋겠습니까?"

"일본인들은 지금 중국을 향해 가고 있으니, 이때야말로 대마도를 쳐야 할 것이오."

"이제 그들에게 우리의 힘을 보여 주어야 할 때가 온 것 같사옵니다."

세종의 말에 태종이 힘을 실었다.

"그렇소. 일본인들이 주로 활동하고 있는 대마도를 정벌해야 다시는 우리 백성들의 재산을 빼앗아 가지 못할 것이오. 주상의 생각은 어떠하오?"

"아바마마 말씀대로 이번 기회에 대마도를 정벌하는 것이 좋겠습니다. 대마도를 정벌한 다음에 중국에서 돌아오는 일본인들을 무찔러야 할 것입니다. 그들이 다시는 우리 백성을 괴롭히지 못하게 해야 합니다."

"주상 생각도 그러하다면, 우리 조선의 강한 군사력을 보여 줍시다. 감히 조선 백성들의 귀한 재산을 빼앗아 가는 일본인들을 반드시 무찔러야 하오. 이종무가 군사 지휘를 훌륭하게 하고 있으니, 그를 총지휘관으로 임명하는 것이 좋을 듯하오."

"아바마마의 명을 받들겠습니다."

세종은 즉시 태종의 명에 따라 군사를 움직였다. 군사들을 통솔함에 있어 강력한 힘을 지닌 태종은 이종무를 총지휘관에 임명하여 대마도 정벌에 나서도록 하였다.

"상왕과 전하의 뜻을 받들어 반드시 일본인들을 무찌르고 오겠나이다."

이종무 장군이 힘주어 강한 의지를 드러내었다.

드디어 이종무 장군이 배 227척을 이끌고 대마도에 도착하였다. 일본인들은 중국으로 떠났던 자신들의 배가 돌아오는 줄 알고 환영 준비를 하다가 깜짝 놀랐다. 자신들 배가 아니라 전투 준비를 갖춘 조선 군사들이 탄 조선 배로 확인되었던 것이다.

"앗, 저것은 우리 배가 아니고 조선의 배다."

"조선 군사들이 쳐들어 왔다! "

조선군의 배에서 군사들이 내리자, 일본인들은 전혀 생각지도 못했던 일이라 제대로 싸우기는 커녕 그냥 도망치기에 바빴다.

"저기 일본인들이 도망친다. 어서 잡아라!"

조선 군사들이 달려오자 일본인들은 **혼비백산** 도망가기 바빴다.

"우리 조선 땅에서 빼앗아 간 물건들이 모두 여기에 있다. 조선의 물건을 뺀 나머지는 모두 불 태워라!"

이종무 장군의 명령에 따라 군사들은 조선으로 가져 갈 쓸 만한 배 외엔 모두 불태웠다.

"장군, 이곳에 일본인들이 붙잡아 온 조선인들과 중국인들이 있습니다!"

군사들이 소리쳤다.

"어서 그들을 구하라."

혼비백산 매우 놀라거나 혼이 나서 넋을 잃다

이종무 장군과 군사들은 납치되었던 조선인들과 중국인들도 구출해 냈다.

"감사합니다. 여기서 일본인들에게 죽는 줄 알았습니다."

"장군님 덕분에 고향으로 돌아갈 수 있게 되었습니다. 고맙습니다."

일본인들에 의해 붙잡혀 왔던 사람들이 고마워하며 눈물을 흘렸다.

"이제라도 고향으로 갈 수 있게 되어 다행이오. 그동안 고생이 많았소."

이종무 장군도 기쁜 마음으로 그들을 위로하였다. 대마도 정벌을 마치고 붙잡혀 갔던 백성까지 구한 이종무 장군은 환영을 받으며 무사히 조선으로 돌아왔다.

조선 군사들이 대마도를 정벌하자 일본인들은 벌벌 떨면서 조선을 찾아와 잘못을 빌었다.

"대마도의 땅이 척박하다보니 농사를 제대로 지을 수가 없습니다. 그래서 부족한 농작물을 채우고자 조선 땅에서 물건과 곡

식을 빼앗았습니다. 다시는 그런 짓을 하지 않겠습니다. 이제부터는 신하의 예를 갖추어 조선을 섬기겠습니다."

"그대들이 진정으로 뉘우쳤다니 용서하겠다. 서로 평화롭게 지내는 것이 좋지 않겠는가? 일본과 외교할 때 그대들이 도와 준다면 식량도 보내 줄 수 있노라."

"고맙습니다. 그렇게 하겠습니다."

조선 백성을 괴롭히고, 물건들을 약탈해 간 자신들을 용서하는 세종의 **너그러움**에 일본인들은 고개를 숙이며 돌아갔다.

세종은 대마도에 사는 일본인들에게 물건을 사고 팔 수 있는 길을 마련해 주었으며 식량도 보내 주었다. 그로 인해 대마도는 점차 안정되어 갔다. 세종의 너그러움에 감동한 일본인들은 다시는 약탈하지 않겠다는 약속을 지켰으며 조선에서 도둑질을 하지 않았다.

세종은 대마도 정벌을 통해 군사력의 강한 힘을 알게 되었다.

"국가의 힘이 강해야 백성들을 안전하게 지킬 수 있다는 것

너그럽다 넓어 감싸 받아들이는 성질이 있다

을, 이번 대마도 정벌로 알게되었다. 군사력을 키우고 새로운 무기를 연구하여 만들도록 하라."

　세종은 화약을 이용한 무기를 만들어 더욱 강한 군대를 갖게 되었다.

세종, 부모를 잃다

 '하늘이 높고 땅이 넓은 것 같이 부모님의 크신 덕은 말로 표현하기 어렵다. 효자의 지극한 정성은 오직 어버이를 중히 여기는 것'이라며 세종은 부모님에게 **효도**하는 것을 중요하게 여겼다.

 세종이 왕이 된 지 2년 만에 어머니인 원경왕후가 **학질**에 걸렸다. "학질은 여러 곳을 자주 옮겨 다녀야 병이 낫는다."는 말

효도 자식들이 어버이를 공경하고 정성껏 잘 섬기는 일
학질 말라리아. 열대, 아열대에 많이 서식하는 학질모기를 통해 옮기는 전염병

에 따라 세종은 깨끗하고 조용한 곳을 찾아 원경왕후를 쉬게 하였다.

세종은 임금임에도 자식 된 도리를 다 하고자 아픈 어머니를 정성껏 간호하였다. 나랏일을 하는 틈틈이 어머니를 돌보던 세종은 어머니의 병세가 점점 나빠지자 걱정스런 마음에 식사를 제대로 하지 못하였다.

"전하, 그러다 옥체가 상할까 염려되옵니다. **수라**를 드셔야 하옵니다."

내관의 걱정스런 말에 세종이 고개를 저었다.

"어머니가 병중에 계신데 자식 된 도리로 어찌 편하게 밥을 먹을 수 있겠느냐. 나는 괜찮다."

내관과 신하들의 간절함에도 세종은 제대로 된 식사를 하지 않았다. 원경왕후의 병간호에 매달린 임금이 밥을 먹지 못한다는 소식이 태종에게도 전해졌다. 태종은 아내인 원경왕후의 병세도 걱정이지만 아들인 세종의 건강도 걱정이었다. 태종은 세

수라 궁중에서 임금에게 올리는 밥

세종, 부모를 잃다

종을 찾아갔다.

"대비(왕의 어머니)의 병간호에 주력하느라 주상이 수라를 들지 않는다고 들었소. 주상이 건강을 잃는다면 백성들은 어찌 되겠는가? 주상은 매 끼니마다 수라를 들어 나에게 효도하라."

"그리하겠습니다."

효자인 세종은 아버지의 말에 겨우 식사를 하였다.

1420년, 세종의 극진한 병간호에도 불구하고 원경왕후는 56세의 나이로 죽었다. 세종이 어찌나 슬퍼했던지 신하들은 임금의 슬픔이 하늘에 닿았다며 눈물을 흘렸다.

원경왕후가 세상을 뜬 지 2년 후, 바람이 쌀쌀한 초봄에 상왕 태종이 병으로 눕고 말았다.

"어머님이 돌아가신 지 얼마 되지 않았는데, 이번엔 아바마마께서 위독하시니 걱정이로구나."

세종은 원경왕후 때와 마찬가지로 한약과 음식을 손수 받들며 극진히 간호하였다. 그럼에도 병세는 더욱 나빠져 태종은 새로 지은 궁궐인 연화방으로 옮기게 되었다.

세종이 양녕, 효령과 함께 연화방으로 가려 하자 신하들이 임금과 양녕, 효령이 탈 **가마**를 대령하였다. 세종은 단호하게 가마 타는 것을 거절하였다.

"상왕께서 병세가 위독하신데, 자식 된 도리로 가마를 타고 이동할 수는 없다. 걸어서 가겠노라."

세종은 임금임에도 불구하고 가마를 타지 않고 형제들과 함께 태종이 있는 연화방까지 걸어서 갔다. 세종은 태종의 병이 빨리 낫기를 기원하면서 정성을 다했지만 병세는 좋아지지 않았다.

"아바마마의 병세가 좋아지지 않으니 걱정이로다. 죄인들을 풀어 주는 은덕을 베풀면 하늘이 감동하여 아바마마의 병을 회복시켜 줄지도 모르겠구나. 죄인들을 풀어 줘야겠다."

효자인 세종은 태종의 병세가 나빠지자 가벼운 죄를 지은 죄인들은 풀어 주라고 명령하였다. 당시에는 두 가지 이유로 죄인들을 풀어 주었다. 나라에 경사가 있을 때와 지진, 홍수, 태풍 등이 발생했을 때였다.

가마 사람을 태우고 갈 수 있도록 만든, 조그마한 집 모양의 탈것

나라에 경사가 있을 때는 백성들과 다 함께 기뻐하기 위함이었고, 지진, 홍수, 태풍 등이 발생했을 때는 슬픔에 빠진 백성들을 위로하고자 함이었다.

세종은 태종의 병이 심해지자 두 번이나 죄인들을 풀어 주었다. 이것이 효험이 있었던지 태종은 잠시 건강을 되찾는 듯하였다.

"하늘의 도움으로 아바마마께서 건강을 다시 회복하셨으니, 이보다 더 기쁜 일이 어디 있겠느냐."

세종은 진심으로 기뻐하였다. 하지만 태종의 병세는 얼마 못 가 다시 나빠졌다. 세종은 밤낮으로 태종의 간호에 매달렸다.

"전하, 상왕께서 병환이 위중해진 때로부터 지금까지 수라를 들지 아니하셨습니다. 전하께서는 슬픈 마음을 잠시 접고 수라를 드시어 큰 효도를 하시옵소서."

내관의 말에 세종이 고개를 저었다.

"아바마마께서 병중에 계신데, 어찌 음식이 입에 들어가겠느냐."

임금의 건강을 걱정한 신하들이 **간청**하였다.

간청 간절히 청함 또는 그런 청

"전하, 상왕께서도 전하가 수라를 들지 못할까 걱정이 많으셨습니다. 상왕과 백성들을 생각하시어 수라를 조금이라도 드시옵소서."

세종이 밥을 먹지 못하자, 묽은 죽을 끓여 올렸으나 세종은 그마저도 하루 한 끼만 간신히 먹을 뿐이었다.

세종의 극진한 간호에도 불구하고 태종은 1423년 연화방에서 56세의 나이로 죽었다.

세종이 나랏일에만 몰두할 수 있도록 상왕의 자리에서 어려움을 해결해 주던 태종이었다. 세종의 슬픔은 이루 말할 수 없었다.

세종은 머리를 풀어 헤친 채 맨발로 **거적자리** 위에 엎드려 밤낮으로 **통곡**하였다.

거적자리에서 습기가 올라와 혹여나 임금의 옥체가 상할까 봐 궁인들이 거적자리 밑에 기름종이를 넣었다. 땅에서 올라오는 습기를 방지하기 위함이었다. 그러나 이를 안 세종이 당장 기름종이를 빼내라고 하였다.

"아바마마께서 돌아가셨는데, 자식 된 도리로 어찌 편안하게 있겠느냐. 기름종이를 어서 거두라."

"전하, 기름종이를 빼면 거적자리 위로 습기가 올라와 옥체가

> **거적자리** 짚으로 만든 거적을 깔아 놓은 자리
> **통곡** 소리를 높여 슬프고 서럽게 욺

상하실 수도 있습니다. 기름종이를 걷으면 아니 되옵니다."

"나는 부모를 잃은 죄인이다. 그러니 어서 거두라."

세종의 호통에 궁인들은 할 수 없이 기름종이를 걷어 내야만 했다.

"주상은 어릴 때부터 고기가 아니면 밥을 먹지 않았다. 주상의 건강을 위해 고기반찬에 신경 쓰라."

태종이 그렇게 말할 만큼 세종은 고기반찬을 좋아하였다. 하지만 의지하던 아버지를 잃은 상실감에 세종은 고기는커녕 태종의 장례를 치르는 동안 음식을 거의 입에 대지 않았다.

태종의 장례를 치르는 세종이 혹여 몸져누울까 염려한 신하들이 음식과 술을 마련하여 바쳤다.

"전하, 이러다 쓰러지실까 염려되옵니다. 음식을 드시옵고 술 한 모금을 하시어 기운을 차리시옵소서."

신하들의 정성에 음식을 입에 넣던 세종이 얼굴을 찡그렸다.

"입속이 모두 헐었다. 입안이 아파서 음식을 먹을 수 없으니, 헐은 것이 좋아지면 먹어야겠다."

부모 잃은 슬픔을 감당하지 못해 입안까지 헐었던 세종은 "착하지 않으면 사람이 아니고, 효성스럽지 않으면 자식이 아니다."라는 **경전**의 가르침을 그대로 실천한 임금이었다.

　태종은 원경왕후가 묻힌 헌릉에 묻혔다.

경전 성인의 글인 경과 현인의 글인 전을 뜻하는 말로, 유학의 성현이 남긴 글

인재 발굴과 토론

 태종이 죽자 세종은 본격적으로 자신만의 정치력을 발휘하기 시작하였다. 세종은 학문을 연구하는 문과보다 무술을 연마하는 무과를 중요하게 여겼던 과거 제도를 학문 연구의 문과 중심으로 바꾸었다.
 학문 연구를 중요하게 여긴 세종은 과거 시험의 마지막 날에는 친히 시험 문제를 출제하며 답을 살펴보곤 하였다.
 백성을 위한 정치를 하고자 하는 세종은 자신의 뜻을 잘 이해하고 보필할 **인재**를 뽑는 일에 가장 공을 들였다.

인재 학식과 능력, 재주 따위를 갖춘 뛰어난 사람

"백성들이 편안한 세상을 만들려면 재주와 능력이 뛰어난 신하가 많아야 해. 학문이 깊고 백성을 사랑하는 신하들을 관리로 임명해야겠어."

나라를 다스리는 데 필요한 모든 분야의 폭넓은 지식으로 대화를 이끌어 가는 세종은 어떤 문제에 대하여 여러 사람이 각자의 의견을 내는 토론을 무척 중요하게 여겼다.

세종은 **어전 회의** 때나 **경연** 때마다 신하들과 토론을 즐겼다. 왕의 명령이면 모든 일이 진행되던 왕권 시대에 민주적인 토론 문화를 형성한 것이다.

"백성을 위해 어떠한 정책을 펼쳐야 하는지, 의견들을 말해 보시오."

"……"

"왜 말들이 없는가? 의견이 없다는 것은 백성들에게 관심이 없고 내게 불충하는 것이라고 믿겠소."

"전하, 그, 그것이 아니옵고, 이런 일이 처음인지라……."

> **어전 회의** 임금 앞에서 여러 신하들이 모여 국가의 큰일을 의논하는 회의
> **경연** 임금의 학문 수양을 위해 신하들이 임금에게 유교의 경서와 역사를 가르치는 일을 이르던 말

"그렇사옵니다, 전하. 갑자기 의견을 내라 하시니 잠시 **당황**했사옵니다."

처음에는 임금 앞이라 주저하던 신하들도 점차 자신의 의견들을 내기 시작하였다. 세종은 신중하게 신하들의 의견을 들었다.

"여기서 의논하고자 하는 것은 모두 백성을 위한 것이다. 그러니 백성에게 이로움을 주기 위한 정책을 어떻게 펼칠까 생각하여야 한다. 현실에 맞지 않는 것은 오히려 백성들을 괴롭힐 뿐이니 실질적으로 백성에게 도움이 되는지를 먼저 따져 보도록 하라."

토론은 늘 어떤 것이 백성들을 위한 일인가에 따라 진행되었다. 세종의 질문에 신하들은 저마다 대답을 제대로 못하고 끙끙댈 때가 많았다.

"관리들이 바빠야 백성들이 편하게 살 수 있는 것이다. 백성을 위하는 일이 어떠한 것이 있는지 생각하여, 내일 의견들을

당황 의외의 일을 당하여 어리둥절해하거나 어찌할 바를 모름

내도록 하라."

토론이 끝나고 나면 신하들은 모두 한숨을 내쉬었다.

"전하께서 백성을 사랑하는 마음과 학문이 저리 깊으니 따라갈 수가 없구려."

"그러게나 말이오. 내일은 또 어떤 문제를 가지고 나오시려나? 오늘 밤에도 잠 못 자고 공부해야겠네."

"어쩌겠나. 전하께서 저리도 토론을 잘하시니, 우리도 공부를 해야지."

세종은 임금임에도 불구하고 자신의 뜻대로 결정하는 것이 아니라 어떠한 일이든 신하들과 토론한 후에 결정하였다.

어전 회의에서 세종이 신하들을 둘러보며 물었다.

"백성들이 살기 좋은 나라를 만들기 위해서는 뛰어난 인재들이 많아야 한다. 인재를 얻기 위해 무엇을 해야 하는지 말해 보라."

신하들이 세종의 갑작스런 질문에 당황하고 있을 때, 신하 허조가 대답하였다.

"전하, 인재를 구할 때는 학문을 즐기되 무엇보다 어진 사람이어야 합니다. 마음이 어질어야 백성들의 고통에 귀를 기울여 그들의 고통을 해결해 줄 것입니다. 또한 인재를 얻어 일을 맡겼으면 의심하지 말아야 합니다. 만약 믿지 못한다면 처음부터 일을 맡기지 말아야 합니다."

"그 말이 옳도다."

허조의 말에 세종이 고개를 끄덕였다.

세종은 인재를 뽑을 때는 물론이고 관리를 임명할 때에도 신하들과 의논하였다.

"백성을 다스림에 있어, 어떤 이를 관리로 임명해야 하는가?"

문장에 뛰어난 변계량이 아뢰었다.

"전하, 관리를 임명함에 있어서는 근본이 어질고 정직한 것을 먼저 보아야 할 것입니다. 수령이 어질지 못하면 백성들을 괴롭혀 원망을 사는 경우가 있습니다. 관리가 정직하지 못하다면 온갖 거짓으로 백성의 재산을 빼앗으며 자신의 이익만 챙길 것입니다. 그러하니 근본이 어질고 정직한 사람을 관리로 쓴다면 백성의 삶이 편안하고 나라를 다스림에도 어려움이 없을 것이옵니다."

"근본이 어질고 정직한 사람이라, 그 말이 옳도다."

변계량의 말에 세종이 흐뭇해하였다.

"전하, 새로 임명되는 수령은 반드시 성품이 어진가를 살핀 다음에 부임하도록 해야 백성들이 고통받지 않을 것이옵니다."

"관리가 모든 일에 정직해야 나쁜 일을 하지 않고, 백성을 괴롭히며 재물을 뺏는 일이 일어나지 않을 것이옵니다."

"직무를 맡김에 있어 그 일에 적합한지를 알아 본 다음에 임명해야 하옵니다. 자신이 좋아하는 일이라면 신이 나서 열심히 할 것이나, 그 사람과 맞지 않은 일을 맡긴다면 그 일에 소홀해질 것입니다."

신하들의 의견을 다 듣고 난 세종의 입가에 미소가 감돌았다.

"그대들의 말이 옳다. 정치를 잘하려면 학문이 깊고 어진 인재를 얻는 것이 무엇보다 중요하다. 관직을 내릴 때, 내가 마음에 드는 사람을 임명하는 것이 아니라 근본이 어질고 그 직무를 가장 잘할 수 있는 사람을 임명하면 모든 일이 잘 다스려지게 될 것이다."

세종은 인재에 대한 원칙을 세우고 인재를 찾기 위해 노력하였다. 인재를 소중하게 여긴 세종은 양녕대군의 폐위를 강력하게 말리다가 **유배**를 떠났던 황희를 불러들이고자 하였다. 그러자 신하들의 반대가 거셌다.

"전하, 황희는 양녕대군의 폐위를 반대한 자이옵니다. 그러한 불충한 자를 어찌 부르시옵니까? 통촉하여 주시옵소서."

"전하, 황희는 아니 되옵니다. 선왕께서 황희를 유배 보낸 것은 모두 그 뜻이 있기 때문입니다. 그를 벌주어야 마땅함에도 오히려 벼슬을 준다는 것은 아니 될 일입니다."

"맞사옵니다. 양녕대군이 혹여 전하께 해를 입힐까 걱정이옵니다. 통촉하여 주시옵소서."

신하들은 황희를 유배지에서 불러와 다시 벼슬을 내리고 싶어 하는 세종의 뜻에 반대하였다. 조용히 듣고 있던 세종이 신하들을 둘러보며 말했다.

"황희가 양녕대군의 세자 폐위를 반대했던 것은 사실이나, 그것은 첫째 아들이 왕이 되어야 한다는 뜻에서 그런 것이다. 비록

유배 죄인을 귀양 보내는 일

유배를 보냈다고는 하나, 황희는 선왕께서도 인정한 훌륭한 인재다. 황희는 덕망과 학문이 높고 경험이 많으므로 나라의 어려운 문제를 해결할 수 있을 것이다. 선왕께서 신임했던 관리이니, 나 또한 믿을 수 있고 의지할 수 있다. 그는 반드시 충성으로 임할 것이니 아무 염려 말라."

임금의 뜻이 이러하니 신하들도 더 이상 반대할 수 없었다.

자신이 왕위에 오르는 것을 반대한 황희임에도 세종은 사사로운 감정을 버린 채 오로지 나라를 위해 일할 인재라는 것에만 주목했다. 세종은 황희를 다시 관리로 임명하였다.

영의정에 오른 황희는 18년 동안 세종에게 충성을 다해 농사의 개량, 예법의 개정, 노비나 첩 소생들의 천역 면제 등 뛰어난 업적을 쌓았다.

비록 과거 시험에 급제하지 않았더라도 나라 전역에는 드러나지 않은 인재들이 많을 것이라고 생각한 세종은, 인재를 발굴하기 위해 어명을 내렸다.

"몸가짐을 올바로 하여 절제하며 인자한 자, 마음이 곧으며 바른말로 충성하는 자, 행실이 좋고 특이한 재주가 있는 자를

인재 발굴과 토론 89

찾아 내라. 신분의 차이를 따지지 말고 모두 **천거**하라. 아무리 작은 마을이라도 충직하고 재주 있는 사람이 반드시 있을 것이다."

조선 시대는 신분에 따른 구분이 확실한 시대였다. 양반이 아니면 벼슬길에 오르지도 못하는 시대였음에도, 세종은 놀랍게도 인재를 **등용**함에 있어 신분을 따지지 않고 능력을 중요시하였다. 그리하여 마침내 문화 융성의 시대를 연 것이었다.

천거 어떤 일을 맡아 할 수 있는 사람을 그 자리에 쓰도록 책임지고 소개하거나 추천함
등용 인재를 골라 뽑아 씀

최고의 인재 교육 기관, 집현전

새로운 인재 발굴에 나선 세종은, 발굴한 인재를 관리하고 키울 수 있는 최고의 교육 기관이 필요했다. 고민하던 세종은 집현전을 활용하기로 하였다. 집현전은 고려 때부터 있었지만, 오랫동안 제대로 된 역할을 하지 못하고 있는 학문 연구 기관이었다.

"그래, 집현전이 좋겠구나. 집현전에서 젊은 인재들에게 학문을 연구하게 하면 나라에 큰 힘이 될 것이야."

집현전을 인재 교육 기관으로 활용하기로 결정한 세종은, 까다로운 절차를 거쳐 젊고 학식 있는 유능한 인재들을 가려 집현전 **학사**로 임명하였다.

"인재들은 나라의 기둥이라 할 수 있다. 집현전에 재능 있는 학사들을 두는 까닭은 그들이 마음 놓고 학문에 전념하여 나라에 도움이 되는 일을 하게 함이다. 집현전을 정치와 문화, 기술을 비롯한 모든 분야의 핵심 기관으로 키울 것이다. 집현전 학사들은 오직 학문 연구에만 몰두해야 하니, 최고 책임자는 인재들을 능히 다룰 수 있고 학문이 뛰어난 사람이어야 한다."

집현전의 최고 책임자인 대제학은 권위는 물론 학자의 최고 명예로 여겨졌다. 집현전 학사들은 학문 연구를 위해 대부분 집현전 안에서 승진하였고, 다른 관직으로 옮기지 않는 경우가 많았다.

집현전은 도서관 역할도 하였는데, 학사들이 연구 활동을 보다 편하게 할 수 있도록 각종 도서를 수집하여 보관하였기 때문이었다.

"집현전 학사들은 학문 연구를 함에 있어, 필요한 책과 물품

학사 학술 연구에 전념하는 사람으로, 조선 전기 때 종이품 벼슬

이 있다면 언제든 주저하지 말고 주문하라. 무엇이 되었든 기필코 구해 주리라."

세종은 학사들이 필요로 하는 책이 있다면 중국이나 일본까지 가서 구해 오도록 하였다. 학사들이 필요로 하는 물품도 아낌없이 사용하도록 하였다.

"집현전 학사들이 학문 연구에만 전념할 수 있도록 그들의 일을 도와 줄 사람들을 두도록 하라."

세종은 집현전 학사들에게 오직 나라를 위하는 학문 연구에만 몰두할 수 있도록 모든 편의를 제공하였다. 하지만 학사들 또한 그 모든 편의에 맞추어 학문 깊은 세종의 마음에 들 만큼 연구해야만 했다. 학사들은 제 시간에 퇴근할 수 없는 것은 물론 밤을 지새우는 일도 허다했다.

집현전에서는 학문 연구와 중국 서적을 번역하고 새롭게 만들었으나, 점차 나랏일에 대한 의견을 모으고 정책 결정까지 하게 되었다.

인재들이 모인 집현전에서는 백성들을 위해 책을 만드는 활동이 활발하였다. 책을 만들기 위해서는 인쇄를 해야 하는데,

지금까지는 활자를 밀랍으로 붙여 고정하는 방식이라, 인쇄 도중 활자들이 움직여서 인쇄하기가 불편했다. 그러다 보니 인쇄 과정이 너무 느리고 인쇄된 결과물들도 깔끔하지 않았다.

인쇄된 책을 받아 본 세종은 새로운 인쇄술을 개발할 것을 요구하였다.

"그대들이 연구한 것을 책으로 만들어야 하는데, 지금의 인쇄 기술로는 부족한 점이 많다. 지금보다 훨씬 더 빠르고 성능 좋은 인쇄 기술이 필요하니 인쇄술에 대한 연구를 하도록 하라."

세종의 다그침에 집현전 학사들은 보다 **정교하고** 빠른 인쇄 기술을 연구하기 시작하였다. 드디어 1434년 갑인년에 금속 인쇄 기술인 구리 활자가 만들어졌다. 갑인년에 만든 것이라 갑인자라는 이름이 붙은 금속 인쇄 기술은 무척 정교했다.

"전하, 구리로 만든 활자로 인쇄를 하였사옵니다. 이것은 새로운 기술로 인쇄한 책이옵니다. 살펴보시옵소서."

세종이 인쇄된 책을 살펴보니 무척 깔끔하고 글자가 생생하

정교하다 솜씨나 기술 따위가 정확하고 교묘하다

게 느껴졌다.

"글자가 깔끔한 것이 잘 만들었구나. 새로운 인쇄 기술을 설명해 보라."

"예, 전하. 예전에 쓰던 계미자는 크기도 일정치 않고 조잡한 면도 있었을 뿐 아니라, 밀랍으로 고정한 활자가 움직여 인쇄하는 데 불편한 점이 많았사옵니다. 그러한 것을 보완하고자 갑인자라는 활자를 새로 만들고, 활자 사이에 대나무 조각을 끼워 넣어 인쇄 시 활자가 흔들리는 것을 개선하였사옵니다. 구리 글자판의 조립 형태가 정교하여 인쇄가 깨끗하고 보기에도 좋사옵니다."

"활자를 새로 만들었다고? 참으로 잘했구나. 인쇄 속도는 어떠하냐? 깔끔한 글자도 중요하지만 속도가 늦으면 매한가지 아니겠느냐."

"글자판의 활사 사이 빈틈을 대나무 조각으로 메워 고정하였더니, 인쇄 속도가 예전보다 20배나 빨라졌사옵니다. 한 번에 많은 양을 찍어 낼 수 있어, 여러 권의 책도 가능하옵니다."

"오호! 그러하다니 정말 좋구나. 고생 많았다."

"성은이 망극하옵니다."

세종 시대의 인쇄술인 갑인자는 금속 활자 인쇄술이 정점에 이르렀음을 보여 준다. 그러나 갑인자는 현재 남아 있지 않고 인쇄본만 남아 있다.

세종 시대에는 인쇄술의 발달로 농사를 짓는 데 필요한 『농사직설』, 우리나라 땅에서 나는 약재들을 수록해 놓은 『향약집성방』, 의학 사전인 『의방유취』, 국가 의례를 5가지 범주로 나누어 규정한 『국조오례의』, 고려 시대 역사서인 『고려사』 등의 책을 보다 빠르게 **보급**할 수 있었다.

하지만 학사들은 오랜 시간 집현전에서 연구에만 매달리다 보니 지치고 우울할 때도 많았다. 세종은 학문 연구와 직무에 시달리는 학사들에게 휴가를 주고 싶었다.

"집현전에서 학사들이 직무에만 매달리다 보면 정작 창의적인 연구를 할 시간이 많지 않겠구나. 집현전에서 공부만 하는 학사들이 지치지 않고 연구할 수 있도록 휴가를 주어야겠어. 집

보급 널리 펴서 골고루 알리거나 미치게 하여 누리게 함

이나 절에서 휴식을 취하면서 학문을 연구하는 것도 좋을 것이야."

세종은 집현전 학사들을 위한 '사가독서제'를 실시했다. 사가독서제란 학사들이 집현전으로 출근하지 않고 '집이나 조용한 절에서 책을 읽으며 학문에 몰두할 수 있도록 한 유급 휴가 제도'이다.

"매일 집현전으로 출퇴근을 하지 않고 휴가 동안 집에서 편안하게 학문을 연구할 수 있으니, 이 모두 임금의 덕이로다."

휴가를 받은 학사들은 기쁜 마음으로 집이나 절에서 학문에 몰두할 수 있었다.

세종은 집현전 학사들을 아껴 당시 최고의 특산물이자 매우 귀했던 귤을 선물하곤 했다. 하지만 아끼는 만큼 신하들에게 많은 일을 시키는 임금이었다. 세종이 집현전 학사들에게 얼마나 많은 일을 시켰는지, 학사들 모두 잠을 못 자 병이 날 지경이었다.

어느 날, 밤늦게까지 책을 읽던 세종이 내관을 데리고 산책을 나섰다. 집현전 근처에서 세종이 조용한 목소리로 내관을 불렀다.

"저기 집현전에 불 켜져 있는 것이 보이느냐?"

"네, 전하."

"지금 당장 집현전으로 가서 오늘 **숙직** 학사가 누구인지, 무엇을 하고 있는지 조용히 살펴보고 오너라."

세종의 명에 따라 집현전을 살펴보고 온 내관이 아뢰었다.

"전하, 집현전에는 학사 신숙주가 책을 읽고 있사옵니다."

신숙주는 책을 읽으려고 숙직을 대신할 만큼 지독한 책벌레였다.

"어허, 이 시간까지 책을 읽고 있다니, 참으로 가상하구나."

궁으로 돌아가 책을 읽던 세종은 새벽 무렵 내관을 데리고 다시 집현전으로 향했다.

새벽까지 책을 읽다가 얼핏 잠이 든 신숙주는, 피곤했는지 임금이 온 것도 모른 채 책상에 엎드려 있었다.

"전하, 학사를 깨울까요?"

숙직 관청, 회사, 학교 따위의 직장에서 밤에 교대로 잠을 자면서 지키는 일 또는 그런 사람

최고의 인재 교육 기관, 집현전

"쉿, 조용히 하라."

세종은 혹여 신숙주가 단잠에서 깰까봐 살금살금 다가갔다.

"쌀쌀한 새벽바람에 추울 것이야."

세종은 자신이 입고 있던 **곤룡포**를 벗어 신숙주에게 살며시 덮어 주었다.

"전하, 어찌 곤룡포를……?"

놀란 내관이 눈을 동그랗게 떴지만 세종은 개의치 않고 돌아섰다.

"목소리를 낮추라. 신숙주가 깰까 걱정이구나. 새벽바람이 차다. 어서 가자."

세종은 말없이 내관과 함께 궁으로 돌아갔다.

아침에 잠에서 깬 신숙주는 기절할 듯 깜짝 놀랐다. 임금의 옷인 곤룡포를 자신이 덮고 있었기 때문이었다.

"이것이 어찌된 일인가? 이건 분명 전하의 곤룡포인데 왜 내 몸 위에……."

> **곤룡포** 임금이 입던 정복. 누런빛이나 붉은빛의 비단으로 지었으며, 가슴과 등과 어깨에 용의 무늬를 수놓음

놀란 것은 다른 학사들도 마찬가지였다.

"자네가 어찌 임금님의 곤룡포를 덮고 있는가?"

신숙주가 집현전으로 출근한 학사들에게 이것이 어찌 된 영문인지 물었으나, 아무도 알지 못하였다.

"깊은 밤에 전하께서 이곳을 다녀가신 것이 분명하네."

"그런데 어찌 곤룡포를……."

그때 내관이 신숙주를 찾아왔다.

신숙주가 깜짝 놀라 물었다.

"전하의 곤룡포가 왜……?"

"전하께서 책을 읽다 잠든 학사께서 추울까 봐 입고 계시던 곤룡포를 벗어 덮어 주신 것입니다."

내관을 통해 사정을 들은 신숙주와 집현전 학사들은 세종의 따뜻한 마음에 감격하고 말았다.

"전하께서 이렇듯 우리를 위하시니, 더욱 학문에 전념해야겠네."

"그러게 말일세."

"그나저나 전하께서 잠도 주무시지 않고 시도 때도 없이 집현전을 둘러보시니, 숙직하는 학사들은 쉽사리 잠들지 못하겠네, 그려."

"허허허. 그건 또 그렇겠구먼."

학사들은 서로 마주보며 웃었다. 집현전 학사들은 세종의 관심과 배려에 힘입어 학문에 더욱 힘쓰게 되었다.

인재들이 모여 학문과 연구를 거듭한 집현전은 세종 대에 이르러 정치적 역량을 뒷받침하는 최고의 인재 교육 기관으로 거듭났다. 그동안 거의 방치되다시피 하여 역할을 제대로 수행하지 못했던 기관이 비로소 학문 연구 기관으로의 실질적인 역할을 하게 된 것이었다.

세종은 까다로운 절차를 거쳐 집현전 학사로 등용된 인재들과 함께 조선 문화의 가장 빛나는 시대, 태평성대를 만들어 내었다.

최초의 여론 조사

여론 조사란 시민들이 공통으로 제시하는 의견을 기준이 될 만한 조사를 통해 알아보는 것이다. 투표는 어떤 문제의 찬성이나 반대를 결정할 때 본인의 뜻을 결정하는 것으로, 민주주의 정치의 핵심이라고 할 수 있다. 그런데 조선의 왕권 정치에서도 여론 조사를 한 왕이 있었다. 바로 세종대왕이다.

세종은 우리나라 최초로 조선 시대 때 여론 조사를 실시한 왕이다. 왕이 거의 모든 국가 정책을 결정하는 왕권 시대에 백성들의 의견을 묻는 파격적이고 놀라운 일이 일어난 것이다.

조선 시대는 농업이 경제 활동의 중심이 되는 농경 사회였다. 농업은 나라의 근본이자 백성들의 삶이었다. 세금의 대부분은 농민들의 토지에서 나오는 수확량을 기준으로 하여 걷었다. 그랬기에 농사철이 되면 임금도 행차를 줄이고 각종 소송도 금지했을 정도로 농사에 모든 힘을 쏟았다.

세금은 지역의 관리가 논밭을 돌아보면서 한 해 농사의 수확량을 확인하고 세금을 정했다. 하지만 일정한 기준이 있는 것이 아니라, 관리의 판단에 따라 세금을 걷는 방식이었다. 따라서 정직하지 않은 관리는 자신에게 잘 보이려고 알랑거리는 사람에게서는 세금을 적게 걷거나, 아니면 아예 걷지 않는 경우도 있었다.

토지 조사를 정확하게 하여 세금을 거둘 필요성을 느낀 세종은 토지 조사를 실시하였다.

"각 지역의 관리들은 실질적으로 농사를 짓고 있는 땅과 거두어지는 세금을 정확하게 조사하라."

조사 결과, 농사를 짓고 있는 땅에 비해 나라에서 거두는 세금이 훨씬 적었다. 또한 땅을 많이 소유한 자들이 오히려 세금을 내지 않고 있다는 사실도 드러났다.

"지금 실시하고 있는 세법으로는 성실하게 세금을 납부하는 농민들만 부담이 커질 것이다. 공평하게 세금을 거둘 수 있는 세법을 연구하도록 하라."

세종은 학사들과 함께 토지에 대해 세금을 부과하는 새로운 세법인 '공법'을 추진하였다. 공법은 '농사짓는 땅의 상태가 좋고 나쁨에 따라 곡식 수확량에도 차이가 나므로 세금에 차이를 두고, 농사의 풍년과 흉년의 수확량에 따라 세금을 내게 하는 법'이다.

"지금의 조세법은 농작물이 잘되고 못된 것을 직접 조사할 때 공평하지 못한 점이 많았다. 세금을 공평하게 걷어야 함에도, 간사한 아전들이 부유한 자에게는 세금을 덜 내게 하고 가난한 농민에게서 오히려 세금을 더 걷으니, 심히 걱정스럽다. 이는 공평하지 않으니 새로운 조세법을 만들려고 한다."

아전 조선 시대, 중앙과 지방의 주, 부, 군, 현의 관청에 딸려 일하는 사람

세종은 1430년에 새로운 조세법인 공법에 관한 여론 조사를 실시하였다.

"관리들은 물론 일반 백성 모두에게 공법에 대한 찬성과 반대를 묻도록 하라. 만약 백성이 새로운 공법을 좋아하지 않는다면 이를 시행하지 않을 것이다. 각 지역에서 보고가 도착하는 즉시 아뢰도록 하라."

세종은 잘못을 바로 잡아 세금을 공평하게 걷겠다는 의지가

확고했다. 그럼에도 백성이 좋아하지 않는다면 공법을 시행하지 않겠다면서 백성의 뜻을 살핀 것이다.

왕의 명령은 하늘의 뜻이자 법과도 같았던 왕권 시대에, 왕의 뜻대로 법을 바꾸는 것이 아니라 백성의 뜻에 따라 법을 바꾼다 하니 모두들 놀랄 수밖에 없었다.

땅을 많이 소유하고 있는 관리나 지주들은 세금을 많이 내야 하는 새로운 공법에 당연히 반대할 것이었다. 그러므로 세종은

백성들의 목소리를 빌려 법을 만들고, 백성들의 어려움을 덜어 주고자 한 것이었다.

관리들이 집집마다 일일이 찾아다니며 공법을 소개하고 의견을 묻는 형식의 여론 조사는 1430년 3월 5일부터 시작되었다.

"새로운 조세법이 생긴다네. 찬성인가, 반대인가?"

"세금을 내는 법이 새로 생긴다고요? 대체 어떤 방식으로 바뀌는 거요?"

백성들은 관리들에게 공법에 대해 궁금한 것을 물어보며 찬성, 혹은 반대 의견을 말하였다. 그해 8월 10일까지 5개월에 걸쳐 이루어진 대규모 여론 조사에는 백성 172,658명이 참여하였다.

벼슬을 하는 관리들은 물론 일반 백성들이 참여한 결과 9만 8600여 명이 새로운 공법에 찬성하고, 7만 4000여 명이 반대한 것으로 나타났다. 여론 조사 결과를 보면, 당시 노비와 여성을 제외한 거의 모든 백성들이 참여한 것이라 할 수 있다.

당시 땅이 많은 고급 관리나 숨겨 놓은 땅이 많았던 관리들은 새로운 공법으로 바뀌면 세금을 많이 내야 하므로 거의 반대하였다고 한다.

　세종은 찬성하는 백성들이 많다고 하여 새로운 공법을 바로 시행하지는 않았다. 반대하는 백성들의 의견을 참고하여 17년에 걸쳐 토지의 품질이나 풍년이 든 해와 흉년이 든 때의 수확량 등을 생각하여 법을 보완해 가며 실시하였다.

　세종은 수확량을 늘릴 수 있는 방법과 농사에 도움이 되는 기계 등을 개발함과 동시에 공법을 전국적으로 추진해 나갔다. 그로 인해 농민들의 생활은 좀 더 나아졌으며 나라에도 미리 모아 놓는 농산물의 양이 늘어났다.

　세종은 왕권 시대에도 여론 조사를 가능하게 할 만큼 '백성을 사랑한 왕이자 백성과의 소통'을 중요하게 여겼던 임금이었다.

조선 음악을 만들다

 세종 시대는 음악에 있어서도 가장 빛나는 업적을 남겼다. 조선은 중국의 제도를 많이 따랐다. 하지만 세종은 제도를 비롯한 모든 면에서 중국에서 벗어나 조선의 독자적인 틀을 마련하고자 하였다. 음악에서도 마찬가지였다.
 유교 국가인 조선에서는 궁궐의 행사인 궁중 의례를 할 때 음악을 몹시 중요하게 여겼다. 궁중 의례는 엄중한 분위기 속에서 진행되므로 예법과 격식에 어울리는 궁중 음악을 연주할 필요가 있었다.
 궁중 음악은 노래, 춤, 악대가 함께 어우러져 나라의 위엄을 상징하는 것은 물론이고 행사의 격식과 권위를 높이는 역할을 하였다.

궁중에서 사용하는 음악은 제사 때 사용하는 제례악, 잔치 음악인 연례악, 회의 음악인 회례악, 행렬할 때 연주되던 군례악 등으로 구분되었다. 그중에서 가장 중요하게 여긴 음악은 제사 음악인 제례악이었다.

궁중제사는 조선의 역대 왕과 왕비의 신주를 모신 종묘에서 지내는데, 이것을 종묘 제례라 한다. 따라서 이 제사 때 쓰이는 음악이 바로 종묘 제례악이다.

하지만 따로 우리의 음악이 없었던 조선 초기에는 악기나 음악을 중국에서 가져와 사용해야만 했다. 음악의 표준음을 정하고 표준 악기를 만드는 것은 중국의 특권이라 할 수 있었다. 따라서 당시 궁중 의례나 종묘 제례 때 쓰이는 아악과 악기 모두 중국 것을 사용하다 보니, 조선의 정서에 맞지 않는 것이 많았다.

"아악은 본래 중국의 것이라, 중국 사람들은 평소 익숙하게 들었을 터이니 그들 제사에 연주하여도 마땅할 것이다. 그러나 우리나라 백성들은 평소에 전통 음악인 향악을 듣고 살다가 죽은 뒤에는 제사를 지낼 때마다 우리의 음악이 아닌 중국 음악을 들어야 하니, 참으로 안타까운 일이다."

세종은 중국 음악을 그대로 사용하기보다는 우리의 음악을 만들고 싶었다.

"어찌 우리나라 행사에 중국 음악을 써야 한단 말인가? 중국 음악을 그대로 사용하다 보니 우리 정서에 맞지 않는 부분이 많다. 우리 정서에 맞는 조선의 음악을 만들어야겠다. 여봐라, 음악에 대한 지식이나 경험이 많은 인물을 찾아서 데려오도록 하라."

"전하, 음악에 미친 사람이라고 불리는 박연이란 관리가 있사옵니다. 그는 음률이나 악기에 대해 모르는 것이 없으며, 악기를 연주하면 마치 하늘에서 연주하는 듯한 소리가 난다고 하옵니다."

"그래, 박연이 음악에 대한 상소를 올렸었지. 어서 들라 하라."

세종은 조선의 음악을 새롭게 만들어야 한다는 상소를 여러 번 올렸던 박연을 기억해 내었다.

어린 시절부터 음악의 천재로 불렸던 박연은 오직 음악만을 생각하며 살았다. 하지만 정작 음악과는 전혀 관계없는 부서에서 말단 관리로 일하고 있었다.

신하들이 박연을 데리고 오자, 세종은 박연에게 대금을 연주하게 하였다. 악기의 성질을 잘 아는 사람만이 음이 지니는 여러 요소를 구별하는 **음감**에 맞추어 소리를 잘 낼 수 있기 때문이었다. 과연 그가 부는 대금 소리는 청아하고 맑은 것이 하늘의 소리와도 같았다.

악기를 연주하는 박연의 표정은 황홀경 자체였다. 세종과 신하들 모두 박연의 연주에 홀려서 숨소리조차 크게 내지 못했다.

"과연 듣던 대로구나. 천상의 소리가 따로 없도다."

"황공하옵니다."

"그대가 음악을 좋아한다고 들었다. 음악이 왜 필요한지 말해 보라."

세종이 호기심 가득 담은 목소리로 물었다.

"궁중 의례에서 음악은 나라의 위엄을 상징하지만, 백성들의

> **음감** 음이 지니는 여러 요소를 구별할 수 있는 감각

마음을 하나로 모으기도 하옵니다. 음악은 기쁘거나 슬픈 사람의 감정을 나타내기도 하여 흩어진 감정을 순수하게 만드옵니다. 그러하니 나라와 백성을 다스림에 있어 음악의 힘은 참으로 크다 할 것이옵니다."

"옳거니, 바로 보았다. 그대는 현재 사용하고 있는 궁중 음악을 어찌 생각하는지 말해 보라."

"지금 사용하고 있는 음악은 아악, 당악, 향악이 뒤섞여 있사옵니다. 중국에서 악기를 들여오다 보니, 오는 과정에서 악기가 변질되어 제 소리를 내지 못하는 경우도 있사옵니다. 또한 중국에서 사용하는 음악을 그대로 사용하니 우리 정서와 맞지 않는 부분도 있사옵니다. 삼가 바라옵건대, 우리 조선의 음악과 악기를 새로이 해야 하옵니다. 궁중 의례에는 조선의 혼을 담을 필요가 있사오며, 또한 백성들을 위로하는 음악을 만들어야 한다고 생각하옵니다."

박연의 목소리는 차분했지만 단호했다.

"오호, 과연, 그 말이 맞도다. 음악에 이토록 정통한 자를 얻었으니, 이 또한 하늘의 뜻이다. 이제 나와 함께 우리 조선의 음악과 악기를 만들어 보는 것이 어떻겠느냐?"

"성은이 망극하옵니다."

박연이 감동에 찬 목소리로 허리를 깊이 숙였다. 어릴 적부터 음악의 천재 소리를 들으며 다양한 음악과 악기를 다루어 온 박연이었다. 그동안 알아주는 이 없이 홀로 음악을 즐기던 차에, 자신을 알아주는 임금을 만났으니 박연은 감동하고 또 감동하였다.

세종은 박연이 음악 연구에만 전념할 수 있도록 악학별좌에 임명하였다. 악학별좌란 음악에 관한 일을 담당하는 벼슬이었다.

드디어 박연은 자신이 좋아하는 일을 맡아 그 일을 가장 잘할 수 있게 되었다. 음악을 바로잡고 악기를 만드는 업무를 담당하게 된 박연은 신바람 나게 일하면서 새로운 음악과 악기 제작에 심혈을 기울였다.

"그대는 **율관**의 표준음을 다듬으라. 또한 조선 음악에 어울리는 악기를 제작하도록 하라."

율관 음의 높이를 정하기 위하여 쓰던 원통형의 관

조선 음악을 만들다

박연은 세종의 명에 따라 국악기 음의 표준이 되는 **편경**을 만들기 위해 조선 팔도를 누비고 다녔다. 편경을 만드는 돌은 중국에만 있다고 하였다.

"어찌 편경을 만드는 돌이 중국에만 있단 말인가? 필시 우리 땅에도 있을 것인데 찾지 못하였을 것이다. 우리나라 악기는 우리 땅에서 나는 돌로 만들어야 제 소리를 낼 수 있을 것이니, 기필코 찾아내리라."

박연은 편경으로 만들어야 하는 돌을 찾아 전국을 샅샅이 누비던 중 경기도 남양에서 드디어 그 돌을 찾아냈다. 빛이 푸르고 흰 것이 섞여 있는 아름다운 돌이었다.

"하늘이 도와 우리나라에서 나는 돌로 드디어 우리의 악기를 제작하게 되었구나. 이 모두 전하의 복이로다."

감격한 박연은 임금이 계신 궁궐 쪽을 향해 절을 올렸다.

박연은 경기도 남양에서 발견한 빛이 푸르고 흰 것이 섞여 있는 돌(경석)을 정성으로 다듬어 편경을 제작하였다. 편경은

편경 돌로 만든 국악기의 하나

ㄱ자 모양으로 만든 16개의 돌을 두 칸에 음높이의 순서대로 매단 **타악기**로, 돌의 두께에 따라 음의 높낮이가 다르다.

1433년 새해, 처음으로 조선 악기로 만든 의례용 연주회가 열렸다. 연주 도중 편경 소리를 가만히 듣고 있던 세종이 물었다.

"소리를 들으니 매우 청아하고 아름답구나. 그런데 경돌 중 하나의 소리가 약간 높은 것은 무엇 때문인가?"

"살펴보겠습니다."

감독으로 책임을 맡고 있던 박연이 깜짝 놀라 즉시 편경을 살펴보았다. 그랬더니 돌 하나에서 편경을 잘라내기 위해 그었던 먹줄을 채 덜 **마른** 것이 발견되었다. 박연의 이마에서 식은땀이 흘러 내렸다.

"이를 어찌하면 좋단 말이냐. 나도 미처 알아채지 못했던 소리를 전하께서 잡아내시다니. 진하의 음감은 하늘에서 내리셨구나."

타악기 두드려서 소리를 내는 악기를 통틀어 이르는 말
마르다 옷감이나 재목 따위의 재료를 치수에 맞게 자르다

박연이 놀라움과 죄스러움을 감추지 못한 채 떨리는 목소리로 아뢰었다.

"전하, 돌 중 하나에 먹이 아직 남아 있어 바른 소리가 나지 않았사옵니다. 죽을죄를 지었사옵니다."

"어허, 그것이 무슨 죄인가. 소리를 바로 잡으면 될 것이야."

"전하, 성은이 망극하옵나이다. 곧 바로 잡겠사옵니다."

놀라기는 신하들도 마찬가지였다.

"세상에, 음악 천재인 박연도 놓친 틀린 음을 전하께서 잡아내시다니!"

"무서우이! 전하가 음악을 얼마나 많이 공부했으면 저 경지에까지 이르셨단 말인가?"

"전하의 음감은 하늘이 내린 것일세!"

놀란 신하들이 수군거렸다.

박연이 채 덜 마른 돌을 갈아 내고 다시 연주하자, 곧 소리가 바르게 잡혔다.

"이제야 소리가 제대로 되었구나."

세종은 그제야 흡족한 미소를 지었다.

연주만 듣고도 틀린 음을 잡아내었던 세종은 박연을 통해 조선 음악을 새롭게 만든 것은 물론 조선 정서에 맞는 악기까지 만들었다.

음악을 좋아하고 절대 음감의 소유자였던 세종은 막대기로 땅을 두드려 음을 맞추면서 작곡하기를 즐겼다.

세종은 음의 길이와 높이를 표시한 악보인 '**정간보**'를 직접 제작하였다. 그뿐 아니라 한글로 된 최초의 작품인 '용비어천가'에 직접 곡을 붙인 '여민락'과 '치화평'을 비롯해 조선 왕조 건국에 공을 끼친 역대 왕들과 선조들의 문덕을 찬양한 '보태평', 태조 이성계의 무공을 칭송한 '정대업' 등을 만들었다. 세종은 이를 신악이라 부르도록 하였다.

종묘 제례악으로 쓰이고 있는 '정대업'과 '보태평'은 현재 무형 문화재 제1호이며 유네스코 '세계 무형 문화유산'으로 등록되었다.

정간보 조선 세종 때에, 소리의 길이와 높이를 정확히 표시하기 위하여 만든 악보. '井'자 모양으로 칸을 질러 놓고 음이름을 기입하였다.

4군 6진의 개척, 국경을 확정하다

　세종 시대는 4군 6진의 개척으로 조선 시대를 통틀어 가장 막강한 국방력을 자랑한다. 4군 6진이란 압록강변의 여연군, 자성군, 무창군, 우예군(4군)과 두만강 유역의 종성, 회령, 경원, 경흥, 온성, 부령(6진)을 개척한 것을 말한다.

　조선 초기에도 **여진**족의 **침범**이 있었지만, 세종 대에 이르러 여진족의 침범이 더욱 잦아지면서 조선 백성늘이 입는 피해가 커졌다.

> **여진** 10세기 이후 만주 동북쪽에 살던 퉁구스계의 민족. 수렵과 목축을 주로 하였으며, 17세기에 누르하치가 후금을 세우고 뒤에 청나라로 발전하여 중국을 통일하였다.
> **침범** 남의 영토나 구역, 권리 따위를 함부로 쳐들어가 해치거나 건드림

여진족은 땅이 척박하여 농사를 지을 수 없는 만주 일대 산악 지대에 살다 보니, 농사 짓는데 어려움이 많아 주로 사냥을 하거나 양을 기르며 살았다. 농작물이 풍족하지 않은 여진족은 국경 근처에 있는 조선 마을을 습격하여 도둑질을 하곤 하였다. 주로 사냥을 하는 여진족은 도둑질할 때도 사냥의 습성으로 백성들을 잔인하게 괴롭혔다.

국경 근처는 산세가 험하고 관리가 어려운 지역이었다. 그러다 보니 여진족의 침범에도 조선 조정은 별다른 대응을 하지 못하고 있었다. 여진족의 횡포가 심해질수록 백성들의 고통은 점점 커져만 갔다.

"전하, 여진족 400여 명이 국경 마을에 침입해 백성과 군사들을 죽이고, 백성들을 납치했다 하옵니다. 말과 소도 모조리 빼앗아 갔사옵니다. 여진족으로 인해 고통받는 백성들의 원망이 점점 높아지고 있사옵니다."

"흐음, 백성들의 안전이 걱정이구나. 여진족의 침입이 점점 심해지고 있다니, 군사를 이끌고 나가 여진족의 침입을 막아야 할 것이다."

세종이 심각한 얼굴로 신하들을 둘러보았다.

"전하, 국경 근처에 있는 마을을 좀 더 아래로 옮기면 여진족이 그 아래까지는 오지 않을 것이옵니다."

"우리 땅을 버리고 마을을 옮긴다면 그 땅은 여진족의 땅이 될 것이니, 그리 좋은 방법인 것 같지는 않다. 그 땅을 차지한 여진족이 아랫마을을 침략하지 않는다는 보장도 없지 않은가?"

"전하, 국경 근처는 산세가 험한 곳입니다. 군사를 이동시켜 여진족과 싸움을 하는 것은 승산도 확신할 수 없으며, 비용 또한 너무 많이 들 것이옵니다."

신하들은 여진족을 야만족이라 부르며 멸시했지만, 정작 백성을 보호할 제대로 된 의견은 내놓지 못하고 있었다. 세종은 심기가 불편하였다.

"백성들이 고통을 당하고 있는데, 비용이 많이 든다 하여 여진족의 만행을 그대로 두란 말인가? 감히 나의 백성들을 괴롭히는 여진족을 그대로 두고 볼 수는 없다. 당장 최윤덕을 들라 하라!"

최윤덕은 어려서부터 힘이 장사로, 호랑이를 쏘아 죽일 만큼

활을 잘 쏘았다. 세종은 대마도 정벌에 참여했던 최윤덕을 평안도 도절제사로 삼으면서 여진족 정벌 책임자에 임명하였다. 세종은 이번 기회에 여진족을 몰아내고 국경을 명확히 해야겠다고 결심하였다.

"백성들이 여진족에게 고통받고 있으니, 최윤덕은 그들을 몰아내고 백성을 보살피라!"

"전하의 뜻을 받들어, 기필코 여진족을 몰아내겠사옵니다."

최윤덕은 세종의 명을 받들어 여진족을 몰아내리라 다짐하였다.

1433년, 병력 1만 5천을 데리고 본격적으로 여진족 정벌에 나선 최윤덕은 압록강을 건너 여진족의 본거지를 신속하게 공격하였다. 갑작스레 조선 군사가 몰려오자 여진족은 당황하는 기색이 **역력**하였다.

"우리 백성을 괴롭히는 여진족이 다시는 이곳에 발을 붙이지

역력하다 훤히 알 수 있게 분명하고 또렷하다

못하도록 화포를 쏘아 공격하라."

조선 군사들이 화포 공격을 하자, 여진족은 싸우는 자보다 놀라 도망가는 자들이 더 많았다. 최윤덕의 군사는 대승을 거두었다.

"전하, 최윤덕 장군이 여진족을 몰아냈다고 하옵니다."

"그럴 줄 알았다. 장하도다."

세종은 기뻐하며 여진족을 몰아내고 돌아온 최윤덕을 우의정으로 임명하였다. 무인 출신인 최윤덕은 정직하고 모든 일에 열심인지라, 관리로 임명되어서도 세종의 두터운 신임을 받았다.

세종은 여진족을 몰아낸 지역을 여연, 자성, 무창, 우예 4군으로 나누어 압록강변의 국경선을 분명히 하였다.

여진족을 물리치고 압록강변에 국경을 정비한 세종은 북쪽의 두만강 유역 국경도 확실히 하고자 결심하였다. 두만강 유역 또한 여진족의 잦은 침입을 견디다 못한 백성들이 섬섬 아래로 내려왔기 때문에, 그 땅을 여진족들이 차지하고 있는 경우가 많았다. 세종은 국경을 확실하게 함과 동시에 조선 땅에서 여진족을 완전히 몰아낼 생각이었다.

"여진족이 다시는 침입하지 못하도록 이번 기회에 국경을 분명히 해야 한다. 그래야 국경 지역에 사는 백성들이 안심하고 살 수 있을 것이다. 여진족이 차지하고 있는 우리 땅을 되찾아 두만강 유역의 국경을 정확히 할 것이다. 당장 김종서를 들라 하라."

북방 개척에 김종서를 총책임자로 임명하려 하자, 신하들이 놀라 아뢰었다.

"전하, 김종서는 싸움에 능한 장군이 아니라 학자이옵니다. 문인 출신이라 싸움에 능하지 못한데, 어찌하여 무장을 보내지 않으시고 김종서를 책임자로 하시옵니까?"

"전하, 두만강 유역은 현재 여진족이 살고 있으며 산악 지대라 농사도 잘 되지 않사옵니다. 그러한 곳으로 군사를 보내기엔 비용도 많이 들고, 군사 손실도 많을 것이옵니다. 차라리 그냥 두는 것이 좋을 듯하옵니다."

세종이 신하들을 둘러보며 꾸짖었다.

"백성들을 지키고 우리 땅을 지키는 데 비용이 많이 든다고 포기하다니, 그럴 수는 없다. 북방은 전쟁을 하러 가는 것이 아

4군 6진

니라, 우리 땅을 개척하고 백성을 지키기 위해 가는 것이다. 김종서는 큰 호랑이라 불릴 만큼 강직하며, 오직 백성만을 위하는 마음이 무엇보다 크다. 백성을 지키러 가는데, 백성만을 위하는 것보다 더 뛰어난 것이 무엇이란 말인가?"

세종의 말에 신하들은 아무런 말도 할 수 없었다. 세종은 김종시에게 활과 화실을 주며 함길도(함경노) 관찰사에 임명하여 북쪽 지방으로 보냈다.

"가서, 여진족이 살고 있는 조선의 땅을 되찾고 백성들을 지키라."

"황공하옵나이다. 전하의 뜻을 받들어 임무를 완수하겠나이다."

세종에게서 활과 화살을 받은 김종서는 북쪽 지방으로 달려가 여진족을 몰아내었다. 김종서는 여진족을 몰아낸 함경도의 두만강 유역에 8년에 걸쳐 종성, 회령, 경원, 경흥, 온성, 부령 6진을 설치하였다.

김종서가 6진을 개척하고 돌아오자, 세종은 그 공을 칭찬하면서 형조 판서에 임명하였다.

세종은 두만강 유역 국경에서 여진족을 몰아내고 6진을 개척한 함경도 지역을 조선 땅으로 만들어 영토를 확장시켰다. 하지만 국경 근처의 땅은 농사짓기가 어려워 백성들이 살지 않아 점차 황폐해져 갔다. 이에 김종서가 상소를 올렸다.

"전하, 국경 근처의 땅은 거칠고 물기가 없어 농사짓기에 어려움이 많아 백성들이 살지 않습니다. 그렇다고 관리하지 않으면 또 다시 여진족이 침입하여 그들의 세상이 될 것입니다. 백성들을 그곳에서 살게 하고 관리하는 것이 마땅한 줄 아뢰옵니다."

"그렇지. 국경 근처에서 살기를 원하는 백성들에게는 각종 혜택을 주어, 그들이 머물러 살 수 있도록 하라."

세종은 김종서가 여진족을 몰아낸 함경도와 평안도 지역으로 백성들이 거주지를 옮겨 와 살게 하는 **사민 정책**을 실시하였다.

대마도 정벌 이후 새로운 무기를 만들고 군사력을 증강시킨 세종은 막강한 화력을 자랑하는 화포 부대인 총통위를 설치하였다. 총통위는 우리나라 최초의 포병 부대로 4군과 6진 개척에 결정적인 역할을 하였다.

사민 정책 세종 때 실시한 것으로, 남쪽 백성들을 북쪽으로 이주시키는 정책

백성은 밥을 하늘로 삼는다

"백성은 나라의 근본이며, 밥을 하늘로 삼는다."

세종은 나라의 근본인 백성들을 배불리 먹게 하는 것이 임금으로서 지녀야 할 최고의 덕목이라 여겼다. 백성에게 밥을 배불리 먹이기 위해서는 우선 농사가 잘되어야 했다.

"올해 농사는 수확이 어떠한가?"

"올해는 풍년이라 농사가 잘되었다고 하옵니다."

"그래? 듣던 중 반가운 소식이로다."

농사가 잘되었다는 소식이 들리면 세종은 몹시 기뻐하였다. 하지만 풍년이 드는 해보다 가뭄이 심한 해가 더 많았다. 세종은 어떻게 해야 가뭄과 홍수에도 농사를 제대로 지을 수 있을까 고민하였다.

"백성이 굶주리지 않고 배불리 밥을 먹을 수 있게 하려면 우선 농사의 생산량이 많아야 한다. 그러려면 농사를 짓지 않고 내버려두는 땅을 개간하여 농사지을 수 있도록 만들어야 한다. 땅을 개간하여 늘리고 처음 농사짓는 사람에게는 세금을 감면해 주는 것이 마땅하다. 또 생산량을 늘리기 위해서는 농사법이 개량되어야 한다."

세종의 고민은 점점 깊어져 갔다.

"각 지역마다 농사짓는 방법이 다르고 심는 농작물도 다를 것이다. 경험 많고 지혜로운 농부들에게서 농사짓는 법을 듣고, 이것을 책으로 엮으면 되겠구나. 그 책에 쓰인 대로 농사짓도록 각 지역 백성들에게 알려주면 많은 도움이 될 것이야."

세종은 각 도의 관리들을 불러들였다.

"함길도와 평안도는 토질이 좋음에도 농사에는 몹시 서툴러 농작물이 적게 난다. 그러하니 경험 많은 농부들에게 물어, 밭을 갈아 땅의 성질에 맞는 씨를 뿌리고, 심고, 김매어 거두는 법을 알아 오라. 충청도, 전라도를 비롯하여 각 지역의 관리들도 마찬가지로 농사짓는 법을 잘 아는 농부들에게 물어, 그 땅에 맞는 농사법을 모아 오라. 이 모든 것을 종합하여 땅의 상태에 따라 농사짓는 법을 알려주는 책을 만들 것이다."

"전하의 명을 받들겠사옵니다."

세종의 명을 받은 각 지역의 관리들은 농사 경험이 많은 농부들을 찾아다니며 농사짓는 방법을 듣고 적어 올렸다. 세종은 관리들이 보내온 것들을 모아 각 지역의 특징대로 농사짓는 방법을 모은 농업 기술서 『농사직설』을 완성하였다.

『농사직설』을 살펴본 세종은 매우 만족하여 각 지역에 나누어 주었다.

"드디어 각 지역에 맞게 농사를 지을 수 있는 『농사직설』이 완성되었다. 농사는 국가의 근본이니, 먹는 것이 백성에게는 하늘이고 으뜸이 되는 것이다. 농사에 힘쓰고 곡식을 소중히 여기는 것은 백성을 배불리 먹이고자 함에 있다. 이제 농사짓는 방법을 알려주는 책 『농사직설』을 각 지역에 보내니, 관리들은 농부들에게 농사짓는 법을 제대로 알려 주어 쉽고 알차게 농사를 지을 수 있게 하라."

세종은 『농사직설』을 바탕으로 농사를 지으면 예전보다 많은 수확이 있을 거라고 기대하였다. 하지만 글을 모르는 농민들은 책을 읽을 수 없었다. 뿐만 아니라 관리들이 아무리 설명해 주어도 농민들은 자신들이 짓는 농사 방법 외엔 다른 시도를 하려 하지 않았다.

"전하, 농민들은 글을 몰라 책을 읽는 자가 없사옵니다. 또한 관리들이 『농사직설』에 나오는 농사 방법을 아무리 설명해 주어도 듣질 않사옵니다. 여전히 자신들의 방식만 고집할 뿐, 전혀 들으려 하지 않사옵니다."

"무어라? 농민들이 『농사직설』의 방법을 따르지 않는다고?"

『농사직설』이 별다른 효과를 거두지 못하자 세종은 다시 고민에 빠졌다. 세종은 말로만 농부들에게 가르칠 것이 아니라, 직접 경복궁에서 농사를 지어 보여야겠다고 결심하였다.

세종은 내관들에게 일러 경복궁 뜰안에 초가집을 짓도록 명했다. 초가집이 완성되자 세종이 말하였다.

"오늘부터 이곳에 머무르면서 직접 농사를 지을 것이다."

신하들이 깜짝 놀라며 아뢰었다.

"전하, 아니 되옵니다."

"전하께서 어찌 이리 초라한 초가집에서 지내신단 말입니까? 더군다나 전하께서 직접 농사를 짓는다니 아니 되옵니다, 전하."

세종이 신하들을 둘러보며 말하였다.

"과인이 직접 초가집에 살면서 농사를 지어 보아야 백성의 삶

이나 농사짓는 고충을 알 수 있을 것이야. 이곳에서 『농사직설』
에 따라 직접 농사를 지을 것이니, 그리 알라."

　세종은 초가집에 머무르면서 조그만 밭을 만들어 직접 농사
를 지었다. 임금임에노 식섭 밭을 갈고 씨를 뿌리며 작물이 자
라나는 것을 자세히 살펴보았다. 씨앗이 자라 새싹이 되고, 잎
이 자라고 열매가 맺히는 과정을 지켜보는 것은, 그야말로 감동
이었다.

『농사직설』에 쓰여 있는 대로 농사를 짓자 수확량이 무척 많았다. 세종은 몹시 기뻤다.

"『농사직설』에 있는 방법대로 과인이 궁 안에서 친히 밭을 갈고 김매며 농사를 지었다. 올해 가뭄이 들었으나 그럼에도 수확이 매우 많았다. 이는 때에 맞추어 땅을 갈고 김맨 까닭이다."

세종은 『농사직설』에 있는 그대로 각 지역의 땅과 농사 상태를 살펴보았다. 각 지역의 기후와 땅의 상태에 맞는 농작물로 농사를 짓는 것이 옳다는 결론에 이르렀다.

농사는 때맞춰 땅을 갈고 씨 뿌리며 김매는 손끝에서 이루어진다. 아무리 땅의 상태에 맞는 농사법이 있다 해도, 그것을 실천하지 않으면 수확이 적을 수밖에 없다. 임금이 직접 지은 농사 방법을 실천에 옮긴다면 백성들도 따라 할 것이라는 세종의 판단은 맞았다.

임금이 직접 『농사직설』에 따라 농사를 짓고 수확을 많이 거두었다는 소식이 전해지자 농민들도 따라 하기 시작하였다. 농민들은 저마다 땅의 상태에 맞는 곡식을 선택하여 심고 가꾸며, 적절한 시기에 수확하는 농사법에 따라 농사지었다.

"전하, 백성들이 『농사직설』에 따라 농사를 지었더니 수확량이 몇 배나 늘었다며 기뻐한다 하옵니다."

"참으로 잘되었다. 농사가 잘되어야 백성도 즐겁게 일할 수 있는 것이다."

『농사직설』을 펴낸 후 수확량이 늘었다 하더라도, 가뭄이 심하게 든 해에는 농작물이 자라지 못해 농사짓는 데 어려움이 많았다.

조선 시대는 나라를 다스리는 왕이 정치를 잘못하면, 가뭄이 들고 홍수가 나거나 지진이 나는 등 하늘에서 벌을 내린다고 여겼다. 태종과 세종 때에는 가뭄이 심해 비를 내리게 해달라고 기도하는 제사인 기우제를 지내는 일이 일상화되어 있었다.

태종은 가뭄 때문에 마음고생이 얼마나 심했는지, 태종과 비에 얽힌 이야기가 전해진다. 태종은 죽음을 맞는 순간까지 가뭄 때문에 마음을 끓이면서 세종에게 말하였다.

"가뭄이 심하니 걱정이로다. 내가 죽어 혼이 있다면, 이 날 반드시 비가 오게 하겠다."

비 내리기를 얼마나 간절히 원했던지, 태종은 자신이 죽은 날이 되면 해마다 비를 내리게 하겠다고 한 것이었다. 태종이 죽은 후, 정말 태종의 제삿날마다 비가 내렸다. 사람들은 이 비를 태종이 보낸 비라고 하여, '태종우'라고 하였다.

세종 때에는 가뭄으로 인해 흉년이 계속될 때가 많았다. 가뭄이 들 때마다 세종의 근심도 깊어졌다.

"어느 지방의 가뭄이 제일 심한가?"

"함경도 지방의 가뭄이 심하옵니다. 그곳 백성들은 하루에 한 끼를 겨우 먹는다고 하옵니다. 그나마 하루에 한 끼도 먹을 수 없는 백성들은 풀뿌리를 캐 죽을 쑤어 먹는 지경이라 하옵니다."

세종은 이루 말할 수 없이 슬펐다.

"가뭄에서 백성을 구할 방법을 알지 못하니, 마음이 너무도 아프구나. 지금부터는 과인이 약으로 마시는 술이라도 들이지 말라. 고기반찬도 올리지 말라."

비록 약으로 마시는 술이지만, 술 또한 쌀로 빚으니 마시지 않겠다는 것이었다. 세종은 고기반찬이 없으면 밥을 먹지 않을 정도로 고기반찬을 좋아하였다. 하지만 가뭄으로 백성이 굶는데 임금인 자신만이 고기반찬을 먹을 수는 없다며 가뭄 때에는 고기를 먹지 않았다.

가뭄이 심해지자 백성들의 생활은 이루 말할 수 없이 어려워졌다. 세종은 손수 대궐 밖으로 나가 가뭄 상황을 두루 살폈다. 논마다 바닥이 쩍쩍 갈라진 데다 벼가 제대로 자라지 않는 것을 보는 세종의 마음은 타들어갔다.

"굶고 있을 백성들 생각에 눈물이 날 지경이다. 백성들은 굶고 있는데 과인만 점심을 먹을 수는 없다."

세종은 굶고 있을 가엾은 백성들 생각에 점심을 먹지 않고 궁궐로 돌아갔다. 자려고 누웠지만 쩍쩍 갈라진 논바닥과 굶어서 뼈가 앙상한 백성들 생각에 잠이 오지 않았다. 다음 날 세종은 어전에 나가자마자 신하들에게 말하였다.

"여봐라, 광화문 앞에 큰 솥을 걸고 굶주리는 이들에게 죽을 쑤어 나눠 주도록 하라. 가뭄이 들어 먹을 것이 없을 때는 나라의 창고를 열어 곡식을 나눠 주어도 백성들이 허기를 면치 못하는데, 세금까지 내려면 백성들이 얼마나 힘들겠는가? 농민들의 세금을 줄여서 걷도록 하라."

세종은 백성들의 고충을 누구보다 먼저 아파하고 걱정하였다.

"내가 덕이 부족한 탓에 하늘이 비를 내리지 않으니, 비를 내려 달라고 하늘에 기도를 해야겠구나."

세종은 비 내리기를 빌며 기우제를 정성으로 지냈다.

"나라의 근본인 백성은 먹는 것을 하늘로 삼는데, 그 하늘을 잃게 되면 나라가 무엇에 의지하겠습니까? 가뭄이 날로 심하여 백성들은 먹을 것이 없어 굶고 있습니다. 만물은 물 한모금도 마시지 못하니 죄 없는 백성과 만물이 너무도 불쌍합니다. 하늘은 부디 비를 내리시어, 온 천하 백성들이 큰 은혜를 입게 하시고 백성들이 먹을 것을 넉넉하게 하소서."

세종은 간절한 마음으로 빌고 또 빌었다. 비를 기다리는 그 마음이 어찌나 간절했던지 기우제가 끝났음에도 자리를 뜨지 않았다.

"전하, 밤이 깊었사옵니다. 이러다 옥체라도 상할까 염려되옵니다. 어서 일어나시옵소서."

"하늘이 비를 내리지 않는데 과인이 어찌 잠을 자겠느냐? 비가 내릴 때까지 여기서 기다릴 것이다."

세종은 다음날 새벽이 될 때까지 꼬박 서서 하늘만 올려다보며 비가 내리길 기원하였다. 비를 기다리는 세종의 간절한 모습에 신하들 모두 **숙연**해졌다.

"올해는 과인의 생일잔치도 열지 말라. 가뭄이 심해 백성들이 고통을 겪고 있는데, 임금이라고 해서 생일잔치를 할 수는 없다."

임금일지라도 굶는 백성을 두고 생일잔치를 할 수 없다는 세종은 오직 백성만을 위하는 진정한 왕이었다.

하늘에 기도하는 것만으로는 굶고 있는 백성을 구제할 수 없자, 세종은 실질적으로 농사에 사용할 수 있는 과학 기기의 필요성을 느꼈다.

"비를 내리거나, 내리지 않는 것은 하늘에 달려 있다. 하지만 시간과 계절을 미리 알 수 있고, 비의 양을 측정할 수 있다면 농사짓는 데 많은 도움이 될 것이다. 자연 현상을 관찰하여 그 움직임을 알 수 있는 물건이 있다면 좋을 것이다. 서둘러 만들어야겠다."

세종은 백성들을 위해서라면 그 무엇이라도 만들고 싶었다.

숙연하다 조심스럽고 엄숙하다

천문학의 발달

세종 시대는 과학이 눈부시게 발전한 시기이기도 하다.

조선 시대의 천문학은 농사와 관련이 있었다. 아무리 농사를 잘 지어도 비가 많이 와 홍수가 나거나, 비가 오지 않아 가뭄이 드는 상황에 따라 수확량에 엄청난 차이가 났다.

1422년 1월 1일에 태양과 지구 사이에서 달이 태양을 가리는 현상인 개기 일식이 있었다. 당시 태양은 왕을 상징하였다. 그렇기 때문에 달이 태양을 가려 어두워지는 것을 몹시 불길한 징조로 여겼다.

개기 일식이 있는 날, 세종과 신하들은 궁궐 뜰에 나와 달에 가려진 태양이 다시 나오기를 기다리는 구식례를 하고 있었다. 하지만 천문 업무를 담당하는 서운관에서 알려준 시간이 지났음에도 일식은 일어나지 않았다. 이에 일식을 기다리던 세종이 서운관 관리에게 물었다.

"일식이 일어난다는 시각이 틀린 듯한데 어인 일인가?"

"전하, 시각 계산은 틀림없었사옵니다. 왜 일식이 일어나지 않는지는 소신도 모르겠사옵니다."

담당 관리가 쩔쩔맸다. 일식은 예상 시각보다 15분이 지나 진행되었다.

"15분이나 틀리다니, 계산을 제대로 못한 죄가 크다."

세종은 **천체** 운행 시간을 제대로 계산해 내지 못한 관리에게 곤장형을 내렸다. 그러나 서운관에서 아무리 계산해 보아도 결과는 마찬가지였다.

어찌서 시간이 맞지 않는 것일까? 세종은 고민 끝에 하나를 깨닫게 되었다. 천체의 주기적 운행을 시간 단위로 구분하여 정

천체 지구 대기권 밖의 우주 공간에 떠 있는 온갖 물체를 통틀어 이르는 말

하는 역법을 중국에서 들여온 그대로 사용하고 있다는 것에 생각이 미친 것이다.

"조선과 중국은 멀리 떨어져 있어, 천체의 운행 시간이 엄연히 다를 것이다. 그런데 중국의 역법을 그대로 우리 조선에 적용했으니 틀릴 수밖에 없겠구나. 조선에 맞는 정확한 천체 운행 시간을 아는 것이 중요하다."

중국의 것을 그대로 사용하는 것이 아니라 모든 것을 조선에 맞게 사용하는 것이 중요하다는 사실을 깨닫는 순간이었다.

농사 역시 하늘만 지켜볼 것이 아니라 과학의 힘으로 자연의 변화를 미리 아는 것이 중요했다. 천체 주기는 농사에 큰 영향을 주기 때문이었다. 세종은 역법과 과학 기술을 발달시켜 농사에 직접적인 도움을 주고자 하였다.

세종은 천문과 수학에 능한 정초, 이순지, 정인지를 불러들였다.

"현재 조선에서 쓰고 있는 천체 관측 기구들은 모두 중국의 것을 그대로 사용하고 있다. 하지만 중국의 것은 우리 조선에 맞지 않다. 그대들은 조선에 맞는 역법을 연구하고 천체 관측

기구를 제작하도록 하라. 이는 백성들이 농사짓는 제 때에 쓰임이 있게 하는 것이다."

"전하의 명을 받들어 힘쓰겠나이다."

세종의 명을 받은 관리들은 연구를 거듭하여 천문과 역법에 관한 책을 만들었다. 한양의 위도가 지리적으로 38도에 위치하고 있다는 것도 확인하였다.

세종은 손재주가 뛰어난 사람이 있다면 천체 관측 기계를 만드는 데 더욱 도움이 될 것이라 생각하였다.

"학문을 연구하는 것도 중요하나 연구에 따른 기구들을 만드는 것도 중요하다. 지금부터 신분을 구별하지 말고 재주가 뛰어난 인재들을 찾아오라."

세종의 명령에 신하들이 즉시 재주 많은 인재 발굴에 나섰다.

"전하, 장영실이라는 자의 재주가 몹시 뛰어나다고 하옵니다. 관노비 출신임에도 재주가 뛰어나, 돌아가신 상왕께서 궁중 기술자로 부리고 있던 자입니다."

"무엇을 망설이느냐. 양인이나 천민을 따지지 말고 데려오라 하지 않았느냐."

장영실의 아버지는 원나라에서 조선으로 와 조선의 백성이 된 **양인**이었으나 어머니가 관에 속한 노비였다. 당시에는 아버지가 비록 양인이라 하여도 어머니가 노비면 태어난 자식은 양인이 될 수 없었다. 관노비를 어머니로 둔 장영실은 결국 조선 법에 따라 관아의 노비가 되어야만 했다.

장영실은 어려서부터 손재주가 어찌나 뛰어났던지, 고장 난 것을 새것처럼 고치는 것은 물론 만들지 못하는 것이 없을 정도였다. 재주 많은 장영실은 태종 때 발탁되어 궁중 기술자로 생활하고 있었다.

관리가 장영실을 세종에게 데리고 왔다.

"전하, 이 자가 바로 장영실이옵니다."

세종은 장영실을 눈여겨보았다.

"네가 손재주가 뛰어나다고 들었다."

"황공하옵니다."

세종은 장영실에게 이것저것을 만들도록 시켰다. 그럴 때마

양인 양민. 조선 시대에, 양반과 천민의 중간 신분으로 천한 일을 하지 아니하던 백성

다 장영실은 창의력을 발휘해 세종이 원하는 것을 완벽하게 만들어냈다.

"참으로 하늘이 내린 재주를 가졌구나. 게다가 영특하기까지 하니, 인재로다."

세종은 똑똑하고 손재주가 많은 장영실을 무척 아꼈다. 사냥을 나갈 때도 곁에 두고 내관을 대신해 어명을 전달하는 일도 맡겼다.

세종은 창의성과 기술이 뛰어난 장영실에게 중국에서 공부하고 오도록 기회도 주었다.

"중국에서 새로운 기술을 배우고 오너라. 너의 영특함과 손재주가 나랏일에 많은 도움을 줄 수 있을 것이다."

장영실은 감격하고 또 감격하여 임금이 원하는 것은 무엇이든 하리라 다짐하였다.

장영실은 중국에서 새로운 기술을 배우고 돌아와 조선의 과학을 눈부시게 발전시켰다.

"하늘을 제대로 관측해야 절기에 맞게 농사를 제대로 지을 수 있을 것이다. 천체 변화를 알 수 있는 기구를 만들도록 하라."

세종의 명에 따라 장영실은 정인지, 정초, 이천과 함께 새로운 관측기구를 만들기 시작하였다. 실패를 거듭하고 밤을 새워 가며 노력한 끝에 마침내 혼천의를 제작하였다.

"전하, 천체의 위치와 시각, 태양과 달의 운동을 측정할 수 있는 혼천의를 완성하였나이다. 또한 별의 위치를 정확하게 잴 수 있는 간의도 제작하였으니, 천체를 정확하게 관측할 수 있사옵니다."

"잘했구나. 이제 정확하게 해와 달, 별의 움직이는 이치를 알 수 있겠구나. 백성들도 시간을 알 수 있도록 시계를 제작하도록 하라."

"알겠사옵니다."

장영실은 세종의 명에 따라 1년의 길이를 정확히 알아내는 규표를 만들었다. 그에 따라 해의 그림자가 가리키는 눈금으로 시간을 알 수 있는 해시계 앙부일구를 만들었다.

"해시계인 앙부일구를 종묘 앞에 두어 백성들이 시간을 알 수 있도록 하라."

새벽에 닭이 울면 해가 뜨는구나 생각하던 백성들은 해시계 때문에 정확한 시간을 알 수 있게 되자 무척 신기해하였다.

장영실은 앙부일구에서 더 발전하여, 종을 쳐서 자동으로 시간을 알려주는 물시계인 자격루와 옥루를 만들었다.

뛰어난 기술로 과학을 발전시킨 장영실을 기특하게 여긴 세종은 장영실을 노비 신분에서 풀어 주었다. 세종은 과학 분야에서 많은 업적을 쌓은 장영실에게 벼슬을 내려 주고자 하였다.

"전하, 장영실은 노비에서 양인이 된 것만으로도 충분합니다. 노비 출신에게 벼슬은 가당치도 않사옵니다."

많은 신하들이 장영실에게 벼슬 주는 것을 반대하였다. 하지만 장영실의 상관이었던 정초와 정승 황희는 적극 찬성하였다.

"전하, 장영실이 비록 노비 출신이라고는 하나 이미 노비에서 양인이 되었사옵니다. 장영실의 뛰어난 재주가 없었다면 천체 관측기구는 만들기 어려웠을 것입니다. 장영실에게 벼슬은 마땅하다고 사료되옵니다."

양부일구

천문학의 발달 149

세종은 정초와 황희의 말에 공감하며 장영실에게 벼슬을 내렸다.

"장영실은 솜씨가 뛰어나고 섬세할 뿐 아니라 공부도 게을리하지 않는다. 사냥을 나갈 때에는 과인 곁에서 내관을 대신하여 명령을 전하기도 하였다. 만약 장영실이 아니었다면 천문학 기구들을 만들어 내지 못했을 것이다. 원나라 순제 때에 저절로 치는 물시계가 있었다 하나, 장영실의 **정밀함**에는 미치지 못한다. 만대에 이어 전할 기구들을 만들었으니 그 공이 크므로 관직을 주고자 한다."

세종은 장영실에게 상의원 별좌 벼슬을 주어 자유롭게 일할 수 있게 하였다.

세종은 하늘에서 내리는 비의 양을 정확하게 알 수 있으면 농사짓는 데에 많은 도움이 될 것이라 생각하였다. 무엇이든 만들어내는 장영실을 보며 흐뭇해 하던 세종이 어느 날 장영실을 불러 이렇게 말하였다.

정밀하다 세밀한 곳까지 빈틈이 없고 정확하다

"하늘에서 내리는 비의 양에 따라 풍년이 들어 수확량이 많거나, 가뭄으로 농작물 수확량이 적어지기도 한다. 만약 비의 양을 정확하게 잴 수 있다면, 필시 농사짓는 데에 많은 도움을 줄 수 있을 것이다. 그대는 비의 양을 잴 수 있는 기구를 만들도록 하라."

"네, 전하. 비의 양을 잴 수 있는 기구를 성심을 다해 만들도록 하겠나이다."

세종의 명을 받은 장영실은 잠도 잊은 채 연구에 몰두하여 마침내 세계 최초의 강우량 측정 기구인 측우기를 만들었다. 장영실이 만든 측우기는 세계 최초로 서양보다 무려 200년이나 앞선 것이었다.

"장하도다. 드디어 중국의 것을 능가하는 조선만의 천문학 시대가 열렸구나."

세종은 몹시 기뻐하였다.

백성에게 도움이 되는 기기들을 만드는 일에 몰두했던 세종은 장영실의 재능을 더욱 높이 평가하여 종3품 벼슬까지 내렸다.

장영실은 노비 출신이었다. 하지만 세종은 신분 차별 없이 각 부분에 뛰어난 인재를 등용했던 임금이었다. 장영실은 인재를 알아보는 세종 덕분에 노비의 신분에서 조선 시대 최고의 과학자이자 기술자로 거듭날 수 있었다.

죄인도 하늘의 백성이다

세종은 죄를 지은 사람에게도 측은한 마음을 가졌다.

"**형벌**을 조심해야 하는 까닭은 사람의 생명이 달려 있기 때문이다. 지은 죄가 사형에 처하는 것이 마땅하다 할지라도, 사정에 따라 용서할 수 있다면 모두 용서하고 싶은 것이 나의 마음이다. 그러하니 죄인을 조사함에 있어서도 세 차례에 걸쳐 신중하게 조사하여 착오가 없도록 하라."

형벌 국가가 범죄를 저지른 사람에게 범죄의 책임을 전제로 부과하는 법률상의 제재 비록 죄를 지었다 할지라도 죄는 미워할망정 하늘이 내린 백성은 사랑하여야 한다는 것이 세종의 마음이었다.

황해도 곡산에 사는 약노라는 여자가 감옥에 갇혀 있었다. 주문을 외워 사람을 죽인 살인죄였다. 이상한 사건인지라 죄인을 가두고 벌주는 형조에서 약노를 시켜 닭과 개에게 주문을 걸어 죽여 보라고 시켰으나 죽이지 못했다.

"주문으로 사람을 죽였다던데, 닭과 개는 죽지 않으니 어찌된 까닭이냐?"

형리의 물음에 약노가 힘없이 대답했다.

"옥에 갇힌 지 오래되어 주문의 힘이 없어져서 그렇소."

"주문의 힘이 없어졌다니! 네가 나를 놀리는 것이냐?"

약노는 매를 맞고 다시 옥에 갇혔다.

이 사건이 세종에게 알려졌다.

"주문을 외워 사람을 죽게 하였다니, 참으로 황당하구나. 아

형리 지방관아에서 형률에 관한 사무를 맡아보던 사람

무래도 이상하니 다시 조사하도록 하라."

세종이 약노 사건을 형조에서 의금부로 보내 재조사할 것을 지시하였다. 의금부에서 재조사를 받게 된 약노가 힘없이 말했다.

"옥에 갇힌 지 이미 오래되었소. 그동안 죄를 조사한다며 수도 없이 매를 맞아, 더는 버틸 힘도 없소. 그런데 또 조사라니? 차라리 죽여 주시오. 소원이니 제발 죽여 주시오."

뼈만 앙상하게 남은 약노의 눈물을 본 조사관이 안타까운 듯 말했다.

"오늘 너를 부른 것은 죄를 묻고자 하는 것이 아니다. 임금께서 너를 딱하게 여겨 사실을 알고 싶어 하시니, 사실대로 말하거라. 임금께 감히 거짓을 고했다간 죽음을 면치 못할 것이다."

그 말을 들은 약노가 울음을 터트리며 말했다.

"임금님께서 저 같이 **미천한** 백성에게도 관심을 가져주시니, 그저 감동할 따름입니다. 사실대로만 말하겠습니다."

"어서 말해 보거라. 정말 주문으로 사람을 죽였느냐?"

미천하다 신분이나 지위 따위가 하찮고 천하다

죄인도 하늘의 백성이다

"아닙니다. 저는 주문 같은 것은 알지도 못합니다. 몸에 병이 들어 밥을 먹지 못하는 사람에게 밥을 먹여 주었는데, 그만 그 사람이 죽었습니다. 그런지라 저를 살인자로 의심하여 고문과 매를 수도 없이 때리니, 견디지 못하여 거짓으로 제가 죽였다고 거짓말을 하였습니다."

"어허, 그렇다면 병든 사람에게 밥을 먹이려다 오히려 **누명**을 쓴 것이 아니냐?"

"그렇습니다. 살인자 누명을 쓰고 옥에 갇힌 지 이미 오래인지라, 이제는 모두들 저를 살인자로 알고 있습니다. 더 이상은 견딜 힘도 없으니 어서 빨리 저를 죽여 주십시오."

"네 말이 한 치의 거짓도 없는 사실이란 말이지? 만약 조금이라도 거짓이 있다면 당장 죽음을 면치 못할 것이다."

"어찌 감히 임금님께 거짓을 아뢰겠습니까? 제 말은 진실입니다. 저의 진실만 알아준다면, 당장 죽어도 여한이 없습니다."

"알겠다. 임금께 너의 이야기를 전할 것이니 기다리거라."

누명 사실이 아닌 일로 이름을 더럽히는 억울한 평판 약노는 감옥으로 돌아가며 끝없이 눈물을 흘렸다. 누명을 쓴 채 감옥 생활을 해야만 했던 세월이 억울하고 야속했지만, 이제라도 임금이 사실을 조사하라 하여 진실을 이야기했으니 속은 후련하였다.

약노의 이야기를 전해 들은 세종은 약노를 풀어 주었다.

"아픈 사람에게 밥을 먹이다가 오히려 살인죄를 썼으니 가엾기가 그지없구나. 즉시 약노를 집으로 돌려보내라. 또한 약노가 집으로 가는 동안 굶는 일 없이 죽과 밥을 먹을 수 있도록 하라."

세종의 명으로 풀려난 약노는 궁궐이 있는 곳을 향해 절을 하면서 하염없이 울었다. 억울한 누명을 쓰고 감옥에서 죽었을 목숨이었는데 임금의 덕으로 살아난 것이 한없이 감격스러웠던 것이다.

당시 조선 감옥은 좁고 불결했다. 여름에는 덥고 벌레가 들끓어 옥에 갇힌 사람들은 피부병과 전염병으로 고생하였다. 겨울에는 너무 추워서 얼어 죽는 사람도 있었다. 옥에 갇힌 이들이

죄인도 하늘의 백성이다

불결한 환경인 감옥에서 고생하다 죽기도 한다는 것을 안 세종이 당장 명을 내렸다.

"비록 죄를 지은 죄인이라 하나, 죄인도 사람이다. 듣기로는 죄인이 감옥에서 굶주림과 추위를 견디지 못하여 죽기도 한다는데, 이것은 있을 수 없는 일이다. 감옥이란 죄지은 사람을 벌주는 곳이지, 죽이는 곳이 아니다. 가벼운 죄를 지은 자는 감옥에서 즉시 내보내고, 중한 죄를 지은 자라 할지라도 관리들은 함부로 매를 때리지 말 것이다. 죄인들에게 한 대의 매를 때리더라도 법에 따라 시행하여야 한다. 죄인들이 굶주리고 춥지 않게 하라. 병든 자는 모두 활인원으로 옮겨서 치료 받게 하라."

세종은 비록 죄인이라도 감옥에서 고통스럽게 지내지 않기를 바랐다.

"관리들은 감옥을 늘 청결하게 해야 함을 명심해야 한다. 만약 일가친척이 없어 옥바라지할 사람이 없는 죄수가 있다면 관아에서 옷과 먹을 것을 주어 보호하라. 어린 자식을 둔 홀아비나 과부가 감옥에 있다면 돌보아 줄 부모가 없는 어린 자식들은 필시 굶주리고 추워서 죽음에 이를 것이니, 친척에게 아이를 돌

보게 하라. 만약 친척이 없다면 관아에서 거두어 보호하여 기르게 하라."

세종은 열악한 환경에서 죄인이 병들지 않게 보호하고, 돌볼 가족이 없는 사람도 배려하였다. 세종은 감옥도 사람이 머물 수 있는 곳이어야 한다고 강조하였다.

"각 고을에 감옥이 없는 곳은 새로 짓고, 좁은 곳은 넓게 고치고 수리하라. 남자와 여자가 머무는 감옥을 따로 정하라. 가벼운 죄를 지은 죄수와 중한 죄를 지은 죄수가 거처하는 곳은 구별해야 한다. 겨울에는 감옥을 따뜻하게 하고, 여름에는 서늘하게 할 것이며 하루에 한 번씩 찬물을 주어 더위를 이기에 하라."

옥중에서 병들어 죽는 자가 없게 하려는 세종의 세밀한 지시였다. 세종은 죄인 사망 보고서의 내용도 정확하고 상세하게 기록하라고 하였다.

"죄수로서 죽은 자가 있거든, 죄의 가벼움과 무거움을 구분하지 말고 모두 사연을 갖추어 정리하라. 죄명과 감옥에 가둔 월일, 병에 걸린 일시와 치료한 약, 병 증세와 때린 횟수, 죽은 일시를 기록하여 만들라. 한 명의 백성이라도 옥중에서 굶어 죽는 자가 있다면, 관리들이 과인의 명을 따르지 않는 것으로 여겨 죄를 물을 것이다. 15세 미만인 어린이와 70세가 넘는 노인은 살인죄나 강도죄가 아니면 감옥에 가두지 말라. 10세 이하와 80세 이상인 자는 사형에 해당하는 죄를 범했다 할지라도 가두지 말라."

죄인도 사람이며 자신의 백성이라는 세종은, 억울하게 옥살이 하는 사람을 없게 하고 감옥에서 고통 받다 죽는 이가 없도록 배려하였다.

 세종의 다스림은 백성을 사랑하는 어진 마음에서 시작된다. 사랑한다는 것은 관심을 갖는 것이며 안쓰러운 마음으로 보살펴 주는 것이다. 효심이 깊었던 세종은 나이 많은 사람을 공경하는 풍속을 중요하게 여겼다. 세종은 힘없고 병약한 노인들에게도 사랑을 보냈다.

 "각 고을을 살펴, 100세 넘은 노인은 남녀를 따지지 말고 **천민**에서 벗어나게 하고 쌀과 옷을 주라. 70세가 넘어서도 자식

> **천민** 신분 사회에서 제도상의 최하위 계급

이 없거나 집이 없어 타인 집에 얹혀사는 사람에게도 옷과 쌀을 나누어 주고, 70세가 넘은 모든 사람에게는 각 지방에서 생산되는 물고기와 채소, 과일을 지급하여 보살피라."

세종은 80세 이상 된 백성들에게는 **양로연**을 열어 주었다. 각 고을에서 여는 양로연이 아니라, 이들을 궁궐로 초청하는 것이었다.

"노인을 공경하고 **봉양**하는 것은 마땅한 도리이다. 각 고을에서 80세 이상 된 이들을 모아 궁궐에서 양로연을 열고자 한다. 그러니 기꺼이 준비하라."

신하들은 궁궐에서 백성들을 불러 양로연을 연다는 세종의 말에 깜짝 놀랐다. 여태껏 궁궐에서 양로연을 열었던 적이 없었기 때문이었다.

"전하, 궁궐에 노인들을 초대해 양로연을 연다니요? 각 고을에서 하도록 하는 것이 마땅하옵니다."

"전하, 궁궐에서 양로연을 연다는 것은 마땅하지 않사옵니다."

양로연 조선 시대에, 나라에서 노인을 공경하고 풍속을 바로잡기 위해 베풀던 잔치
봉양 부모나 조부모와 같은 웃어른을 받들어 모심

세종은 신하들의 반대를 물리치고 궁궐에서 양로연을 열 것임을 강조하였다.

"과인이 친히, 궁궐에서 양로연을 열 것이다! 노인들을 공경하는 것에는 신분을 따질 것이 없다."

"전하, 그러시다면 양민들만 궁궐로 들어오게 하시옵소서."

"궁궐에서 양로연을 여는 것은 처음 있는 일이옵니다. 양로연을 여는 것은 좋은 일이오나, 신분이 천한 자는 양로연에 나오지 말게 하소서."

신하들은 양로연을 열되 천민들은 참석하지 못하도록 건의하였다. 세종이 신하들의 말에 화를 내며 나무랐다.

"그것이 무슨 말인가? 양로연을 여는 까닭은 모든 노인을 귀하게 여겨서 하는 것이지, 신분이 높고 낮음을 헤아리는 것이 아니다. 신분을 떠나 나이 많은 사람을 공경해야 부모에게 효도하는 아름다운 풍습이 이어질 것이다. 천한 신분일지라도 가리지 말고 모두 양로연에 참석하게 하라. 양로연에는 과인이 직접 노인들을 맞을 것이다."

"전하, 그게 무슨 말씀이시옵니까? 전하께서 손수 노인들을

양로연을 베풀다

맞으신다니요? 아니 되옵니다."

"백성을 다스리는 임금은 온 마음을 다 해야 한다. 양로연에 오는 노인들은 세상 경험을 많이 한 나의 백성들이다. 양로연은 그들이 80 평생 살아온 덕행을 공경하기 위한 것이니, 친히 맞는 것이 마땅하다. 그리 알라."

"알겠사옵나이다. 전하의 분부대로 준비하겠사옵니다."

신분의 높고 낮음을 따지지 않고, 전국의 80세 이상 노인들을 모시고 궁궐에서 양로연을 연다고 하자, 백성들은 깜짝 놀라면서도 감동하였다.

양로연에 참석한 노인들은, 임금이 자리에서 일어나 친히 자신들을 맞이하자 황송하여 어쩔 줄을 몰라 했다.

"오늘은 날씨가 화창하여 잔치를 열기에도 좋은 날이오. 축하하는 자리이니 천천히 많이 드시오."

세종이 노인들에게 웃어 보이며 많이 먹고 즐겁게 있을 것을 권하였다. 세종은 진심으로 양로연에 모인 노인들을 축하하였다.

"하늘 아래 이런 일이 있다니, 그저 성은이 망극할 뿐이옵니다."

노인들은 감동하여 세종에게 허리를 굽히며 감격의 인사를 올렸다. 신하들은 백성을 진심으로 사랑하는 임금의 모습을 보고 감탄하여 말하였다.

"노인들이 배불리 먹고 술에 취하여 집으로 돌아가니, 참으로 태평 시대의 거룩한 일이로세."

"그렇고말고. 임금님이 저리 친히 노인들을 받드니 세세 대대로 **귀감**이 될 것일세."

양로연에 참여해 기뻐하는 노인들을 보면서 세종은 몹시 흡족하였다.

"양로연은 어른을 공경하는 아름다운 법이니 영구히 시행할 것이다. 함경도 지방은 양로연을 열 때 여진족도 참여토록 하라."

노인들은 살아온 세월 동안 많은 경험을 하면서 지혜를 쌓았다. 세종은 노인들의 인생 경험과 지혜는 세상을 이끌어 온 힘이기에 존경받아 마땅하다고 여겼다. 세종은 양로연을 통해 어른을 공경하는 문화를 이어 나갔다.

귀감 거울삼아 본받을 만한 것

양로연을 베풀다

노비의 출산 휴가

조선 사회는 신분제 사회였다. 신분은 귀족·양인·천민으로 나뉘어졌으며 천민의 대표적 존재는 노비였다. 최하층 신분인 노비는 보통 '종'이라고 불렀다. 남자 종을 '노', 여자 종을 '비'라 하기 때문에 합쳐서 노비라 불렀다. 태어날 때부터 천민으로 노비가 되기도 했지만, 죄를 지으면 양인에서 노비가 되기도 하였다.

조선 시대 노비는 사람도 아니었다. 주인이나 관아에 딸려, 사고 팔리며 상속되는 재산에 불과하였다. 인권의 사각지대에 있었던 노비는 함부로 다뤄지게 마련이어서 그 고통이 심했다.

심술 사나운 주인과 함께 사는 노비는, 주인의 마음에 들지 않는다는 이유로 주인의 기분에 따라 매를 맞다 죽는 경우도 있었다.

어느 양반집에서 새로 산 벼루가 없어졌다. 주인은 자신이 어딘가에 깊숙이 둔 것을 미처 깨닫지 못하고 노비가 훔쳐 간 것이라 생각하였다. 주인은 노비를 잡아다가 매를 때렸다.

"새로 산 벼루가 없어졌다. 네놈이 도둑질한 것이 분명하다. 감히 주인의 물건을 탐내? 저 고얀 놈에게 매를 쳐라!"

"주인 나리, 저는 훔치지 않았습니다. 주인 나리가 말씀하시는 것이 무엇인지도 모릅니다요. 살려 주십시오."

"저놈이……! 저놈이 사실대로 말할 때까지 매우 쳐라!"

주인에게서 도둑 누명을 쓴 채 많은 매를 맞은 노비는 그 후유증으로 죽고 말았다. 하지만 노비를 때려죽인 주인은 처벌 받지 않았다.

노비는 아무리 억울해도 하소연조차 할 곳이 없었다. 사람처럼 대접받지 못하고 억울하게 누명을 쓰고 죽거나 도망가는 노비 사건이 세종에게도 알려졌다.

"노비를 짐승처럼 여겨 학대하고 죽이는 일이 있다고 들었다. 노비를 죽여도 양반은 전혀 처벌 받지 않는다니, 있을 수 없는 일이다. 학대받은 노비가 견디다 못해 그 주인을 고발해도 관아에서 받아들이지 않는다니, 그 또한 있을 수 없는 일이다. 오히려 주인을 고발한 노비를 죽이는 일도 있다 하니, 참으로 불쌍하기 그지없구나."

억울하게 죽은 노비의 사연을 들은 세종은 노비의 삶이 가여워 마음이 몹시 아팠다. 세종은 비록 노비라 할지라도 다른 사람과 똑같이 하늘이 내린 자신의 백성이라 여겼다.

"신하된 자는 노비를 부리는 것만으로도 만족해야 할 것이다. 그러함에도 어찌하여 죄 없는 노비를 짐승처럼 대하며 함부로 죽일 수 있단 말인가? 이는 매우 옳지 않으며 법에도 어긋난다. 아무리 임금이라도 죄 없는 자를 죽이지 않는 것이 하늘의 법칙이다. 임금도 그러한데, 감히 신하된 자가 하늘의 법칙을 어기며 죄 없는 노비를 죽이는 것은 용서할 수 없다. 비록 노비라 할지라도 하늘이 내린 과인의 백성임에는 틀림없다. 노비도 사람이다."

세종은 노비도 사람임을 인정하고 사람처럼 대하라 하였다.

"관아의 일을 보는 노비 가족들은 서로 모여 단란하게 살도록 하는 것이 마땅하다. 혼인을 했는데도 떨어져 사는 노비 가족들은 서로 자유롭게 오고 갈 수 있도록 하라. 양인이었다가 죄를 범하여 노비가 된 자는 60세가 되면 **노역**을 면제하라."

세종 덕분에 노비들은 조금이나마 편안한 생활을 누리게 되었다. 하지만 여전히 양반 집안의 일은 모두 노비가 하게 마련이었다. 그러다 보니 여 노비는 아이를 낳으면 **산후조리**도 하지 못한 채 불려 나와 집안의 궂은일을 해야만 하였다.

아이 낳는 일은 예나 지금이나 대단히 어려운 일이다. 세종은 아이를 낳고도 쉬지 못하고 일을 해야만 하는 여 노비들의 현실에 안타까운 마음이 들었다.

"아이를 낳으면 반드시 산후조리를 하여야 하거늘, 노비라

노역 노예로 부려지는 일
산후조리 출산 후에 허약해진 몸의 기력을 회복하도록 보살피는 일

하여 산후조리를 하지 못하는 일은 있을 수 없다. 옛적에 관아의 여 노비가 아이를 낳을 때에는 출산하고 나서 7일 이후에 일을 시키도록 하였다. 그러나 지금부터는 7일이 아닌 100일간의 휴가를 주도록 하라. 이는 갓난아이를 홀로 둔 채 일을 하게 되면, 혹여 갓난아이가 해롭게 될까를 염려한 것이다. 또한 여 노비가 아이를 낳을 달이 되거든 한 달간의 휴가를 주어, 쉬게 하라."

세종은 여 노비가 아이를 낳으면 출산 휴가를 백일 동안 주게 하였다. 당시 노비에게 출산 휴가를 준다는 것, 그것도 출산 전에 30일, 출산 후 100일간의 휴가를 준다는 것은 파격적인 일이었다.

노비에 대한 휴가는 여기서 그치지 않았다. 여 노비는 아이를 낳아도 돌보아 줄 사람이 없었다. 남편도 노비였기 때문에 아이를 낳은 아내를 돌보아 줄 새 없이 주인집 일을 해야 했기 때문이었다.

이를 안타깝게 여긴 세종은 여 노비 남편에게까지 휴가를 주도록 하였다.

"아이를 낳을 달에 있는 여 노비와, 아이를 낳고 1백 일 안에 있는 노비는 휴가를 주어 일을 시키지 말라 함은 이미 법으로 세웠다. 그러나 그 남편에게는 휴가를 주지 아니하였다. 이에 산모를 돌볼 수 없어 산모와 아기가 목숨을 잃는 일까지 있으니 진실로 가엾다. 이제부터는 여 노비가 아이를 낳으면 남편에게도 30일간의 휴가를 주어 아내를 보살피도록 하라."

노비의 출산 휴가

아이를 낳은 여 노비에게 130일이라는 휴가를 주는 것에도 모자라, 남편마저 휴가를 주라는 세종의 말에 신하들이 곧바로 반대하였다.

"전하, 천하디 천한 노비에게 휴가를 주다니요? 아이를 낳은 여 노비에게 휴가를 그리 오래 주는 것도 있을 수 없사옵니다. 그런데 여 노비 남편에게까지 휴가를 준다는 것은 마땅하지 않사옵니다."

"그렇사옵니다. **사대부**에게도 잘 주지 않는 출산 휴가를 천한 노비에게 주는 것은 있을 수 없는 일이옵니다. 거두어 주시옵소서."

세종이 신하들을 둘러보며 단호하게 말했다.

"임금은 나라를 다스리고 백성을 보살핌에 있어 진실로 똑같이 보살펴야 한다. 그러니 어찌 양인과 천민으로 차이를 둘 수 있겠는가? 노비도 나의 백성이라 하지 않았느냐."

"그렇지만 여 노비가 아이를 낳았다고 해서, 그 남편에게까지

> **사대부** ①사(士)와 대부(大夫)를 아울러 이르는 말로, 문무 양반(文武兩班)을 일반 평민층에 상대하여 이르는 말 ②벼슬이나 문벌이 높은 집안의 사람

휴가를 주는 것은 옳지 않사옵니다. 거두어 주시옵소서."

"전하, 노비들이 쉬는 동안 일은 누가 하옵니까? 그러니 노비의 휴가를 거두어 주시옵소서."

"어허, 어찌 그리들 인정이 없는가? 양인 집안은 아내가 아이를 낳으면 노비를 비롯해 집안사람들까지 돌보아 줄 사람이 많지 않은가? 아이를 낳은 여 노비와 어린 자식을 돌볼 사람은 그 남편 외에 또 누가 있는지 말해 보라."

"……."

"전하, 노비들은 여태껏 그렇게 살아왔사옵니다."

"노비들도 하늘이 내린 과인의 백성이라고 몇 번을 말하느냐? 그들도 사람이다."

"……."

"여 노비는 아이를 낳고 그 다음 날부터 바로 일하는 경우가 많다고 들었다. 산후조리도 못하고 일에 매달리다보니, 아이도 잃고 그 어미도 목숨을 잃는 일이 있다 한다. 이 어찌 불쌍하지 않은가? 그대들의 아내와 아이가 보살핌을 받지 못하고 죽었다면 마음이 어떠하겠는가? 다시 한 번 말하지만, 노비도 나의 백성이고 사람이다."

　신하들은 감히 아무런 말도 할 수 없었다.

　하늘에 떠 있는 태양은 사물을 가리지 않고 해를 비춘다. 양인이건 천민이건 가리지 않고 사랑을 베푼 세종은 백성들에게는 진정한 하늘의 태양이었다.

백성을 가르치는 바른 소리 훈민정음

전 세계에서 가장 독창적이고 과학적인 문자로 평가받는 한글. '백성을 가르치는 바른 소리'라는 뜻의 **훈민정음**(訓民正音)을 만든 것은 세종의 여러 업적 중에서도 가장 위대한 업적이다.

우리나라는 중국 글자인 한문을 오랫동안 사용하고 있었지만, 한문은 읽고 쓰기가 어렵다는 단점이 있었다. 또한 한자를 쓰기 위해서는 어려서부터 공부를 해야만 했고, 중국 글자이기

> **훈민정음** 조선 시대, 1443년에 조선 4대 왕 세종이 집현전 학자들의 도움을 받아 창제한 우리나라 글자

때문에 우리말로 표현하기에는 어려운 부분이 많았다.

가난한 백성들은 책을 구하기도 어려웠고, 한자를 배우기 위해서는 **서당**에 가서 돈을 내고 공부를 해야 했다. 농사짓기에도 바쁜, 가난한 백성들이 글을 배운다는 것은 현실적으로 매우 어려운 일이었다.

"양반들이나 한문을 배우는 것이지, 우리 같이 돈도 없고 농사짓느라 바쁜 백성들이 그 어려운 글을 어찌 배울 시간이 있겠누?"

백성들은 글을 배우는 것에 한계를 느꼈고, 사회적으로도 백성들에게 글을 배우라고 권하지 않았다. 그러다 보니 한문은 지배 계급인 양반들만이 배울 수 있는 글이라는 한계가 있었다. 결국 한자를 모르니 국가의 명령을 전달해도 백성들은 그 뜻을 전혀 알 수 없었다.

1428년, 진주에서 아들이 아버지를 찔러 죽이는 사건이 발생하였다. 사람이 지켜야 할 도리에 어긋난 죄이므로 세종은 충격

서당 글방. 현재의 학교처럼, 예전에 한문을 사사로이 가르치던 곳

이 클 수밖에 없었다. 세종은 백성들에게 교육이 필요하다는 것을 깨달았다.

"자식이 아버지를 살해하는 일은 충효를 모르는 백성의 어리석음에서 일어난 일이다. 그러니 부모에게 효도하는 풍습을 널리 알릴 수 있는 책을 만들어 백성들이 읽게 하라. 글을 모르는 백성을 위해 그림도 그려 넣으라."

그리하여 백성들의 교육을 위해 글과 그림으로 이루어진 『삼강행실도』가 발간되었다. 『삼강행실도』는 임금과 신하, 부모와 자식, 부부간에 모범이 되는 것들을 뽑아 그림과 함께 기록한 책이다.

하지만 이후에도 각종 범죄가 일어나자 세종이 신하들에게 물었다.

"사람이 지녀야 할 도덕에 관한 책인 『삼강행실도』를 만들어 백성들에서 나누어 주고 나라의 법도 널리 알렸다. 법을 어기고 죄를 짓는 사람은 엄하게 벌을 주었는데, 그럼에도 어찌 범죄가 끊이지 않는가?"

"전하, 백성을 교육하는 책을 만들고 나라의 법을 적어 백성들에게 널리 알린다고는 하나, 글을 모르는 백성들은 읽을 줄을 모릅니다. 그림만 보고서는 어떠한 법이 있는지 알지도 못합니다. 그러다 보니 범죄인지도 모르고 저지르는 일들이 일어나고 있사옵니다."

"나라에서 하고자 하는 일을 써 붙여도, 글을 모르는 백성들은 그 뜻을 알지 못해 글을 아는 사람에게 물어봐야 합니다. 뿐만 아니라 말을 전하는 과정에서도 그 뜻이 제대로 전달되지 않는 경우도 있사옵니다."

"전하, 글을 모르는 백성들은 억울하게 집문서를 빼앗기는 경우도 있다 하옵니다. 그러니 책이 아닌 다른 방법으로 백성들에게 법을 알려야 하옵니다."

"어허, 백성이 글을 모르니 책을 펴내도 소용이 없고, 나라의 명령을 전달해도 그 뜻을 제대로 알지 못하니 답답하도다."

글을 몰라 법전의 내용을 읽을 수 없던 백성들은 자신도 모르게 법을 어기게 되어 죄인이 되는 경우가 많았다. 못된 양반들이 글을 모르는 백성들에게 집문서에다 도장을 찍게 하여, 자신도 모르게 집을 빼앗기는 백성들도 있었다. 글을 모르니 백성들은 일상생활에서도 억울한 일을 많이 겪을 수밖에 없었다.

"이 모든 것이 백성들이 글을 모르기 때문에 생기는 일이다. 백성들이 글을 읽고 쓸 수 있다면 모든 것이 해결될 것이다."

깊은 생각에 빠져 고민하던 세종은 백성들이 쉽게 배워 쓸 수 있는 글자를 만들어야겠다고 결심하였다. 당시에는 중국의 영향을 많이 받았던 시대였고 글자도 중국의 한문을 썼다. 하지만 한문은 양반 계층만 배울 수 있는 글자였다.

"중국의 글자인 한문이 아니라, 우리나라 사람들이 읽고 쓸 수 있는 조선만의 독창적인 글자를 만들어야겠구나."

세종은 한문이 아닌 우리 글자를 만들기 위해 **소리글자**를 연구하기 시작하였다. 한문이 아닌 우리 글자를 만든다는 것이 알려지면 중국은 물론 사대부들의 반대에 부딪칠 것을 염려한 세종은 비밀리에 연구에 착수하였다.

"아바마마, 백성들에게 글자를 만들어 준다면 세세 대대로 백성들이 편안함을 누릴 것입니다. 자신의 뜻을 글로 적을 수 있

소리글자 말소리를 그대로 기호로 나타낸 문자. 한글, 로마자, 아라비아 문자 따위가 있다

다는 것은 사람으로서 당연한 권리이옵니다. 백성들이 쉽게 배울 수 있는 우리만의 글자가 진실로 필요하옵니다."

훗날 문종이 될 세자 또한 세종의 뜻을 적극적으로 지지하였다. 세종의 한글 연구에는 세자인 문종과 수양대군, 안평대군, 정의공주가 적극적으로 동참하였다.

소리글자인 한글은 'ㄱ, ㄴ, ㄷ, ㄹ' 등의 자음과 'ㅏ, ㅑ, ㅓ, ㅕ' 등의 모음으로 이루어진다. 자음은 혀와 입술이 입 안의 여기저기에 닿아 그곳을 막아서 내는 소리, 즉 닿아서 나는 소리라는 뜻으로 '닿소리'라고 한다. 모음은 입 안을 좁히거나 넓혀서 모양을 다르게 하면서 여러 소리를 만들어내는데, 홀로 나는 소리라 하여 '홀소리'라고 한다.

1443년 드디어 훈민정음의 기초가 완성되었다. 백성에게 글을 가르치고자 했던 세종의 절실함이 **음운학**을 바탕으로 한 우리 고유의 발음 기호인 훈민정음의 기초를 만들기에 이른 것이다. 하지만 아직 완벽하지 않으므로 신하들과 백성들에게 훈민

음운학 언어의 음운 조직과 체계 및 역사적 변천의 원리 따위를 연구하는 학문

정음이 만들어졌다는 사실은 알리지 않았다.

　세종은 훈민정음이 신하들의 반대에 부딪칠 것을 염려하여, 집현전 학사들도 모르게 세자와 왕자, 공주 등 일부 사람들만을 참여시켜 훈민정음의 기초를 만든 것이었다.

　자음과 모음 연구를 마친 세종은, 본격적으로 훈민정음을 완성하기 위하여 궁궐에 언문청을 설치하고 집현전 학사들을 모아 놓고 말하였다.

　"우리말은 중국 문자와 맞지 않아 글을 제대로 발음해 읽기가 힘든 단점이 있다. 나라에서 하는 일을 전달하여도 백성들이 글을 알지 못해 읽지 못하니, 그 또한 어려움이 많다. 자신의 뜻을 문자로 표현할 줄 몰라 억울한 일을 겪는 백성들이 심히 안타깝도다. 백성들도 읽고 쓸 수 있는 문자가 있으면, 나라에서 전달하고자 하는 것을 좀 더 쉽게 할 수 있을 것이다. 이제 우리 글자를 만들어 백성 모두가 글을 쉽게 배워 일상생활에 편리하게 쓰도록 할 것이다."

　"전하, 지금 한자를 쓰고 있지 않습니까? 그런데 우리 글자를 만든다니요?"

집현전 학사들이 깜짝 놀라 물었다.

당시만 해도 중국의 한문을 사용하고 있던 터라 신하들은 세종의 말에 모두 의아해하였다. 세종은 학사들에게 우리글의 중요성과 우리글을 만드는 데 필요한 음운에 대해 설명하였다.

"우리가 사용하고 있는 중국의 한자는 물건의 모양을 본떠 만든 글자인지라 우리말과 맞지 않다. 또한 배우기가 어렵고, 시간도 오래 걸린다는 단점이 있다. 백성들이 글을 몰라 생활하는 데 어려움을 많이 겪으니, 우리 소리를 그대로 표현할 수 있는 글자를 만들어 백성을 가르치고자 한다. 우리 글자는 우리가 내는 소리 그대로 입 모양을 본떠 만들 것이다. 이미 닿소리와 홀소리를 연구하였으니, 미진한 부분을 보완하여 완성할 것이며 이를 일러 훈민정음이라 할 것이다."

훈민정음을 만든다는 세종의 말에 집현전 학사들이 술렁이며 반대하기 시작하였다. 집현전 부제학인 최만리가 상소를 올려 새로운 글자인 훈민정음을 만드는 것에 대하여 부당함을 주장했다.

"전하, 조선은 예부터 중국의 제도를 따랐는데, 이제 와서 이

백성을 가르치는 바른 소리 훈민정음

를 따르지 않는 것은 부끄러운 일입니다. 사대부들은 여태껏 아무런 어려움 없이 한자를 사용하고 있으니 굳이 새로운 문자를 만들 필요가 없사옵니다. 백성들을 위해 우리 글자를 만드신다고 하오나, 심히 부당하옵니다. 새로운 글자는 이익 되는 것이 없사옵니다. 그럼에도 세자께서 학문을 닦아야 할 시간에 새로운 글자에 정신을 쏟고 있으니, 아니 될 일이옵니다."

"우리글을 만드는 것은 백성을 보다 편하게 하려 하는 것인데, 임금이 하는 일을 그르다 하니 어찌 된 것인가? 신하로서 내 뜻을 충분히 알고 있음에도 그런 말을 하다니, 네가 음운을 알기나 하느냐?"

세종의 꾸짖음에도 불구하고 집현전 학사 정창손 역시 반대하였다.

"전하, **성인군자**는 타고나는 것입니다. 백성들이 문자를 모르고 교육을 받지 못해 천한 짓거리들을 하는 것이 아니옵니다. 양반 가문과 달리, 백성들은 원래 미천하니 글자를 만들어 가르

성인군자 성인과 군자를 아울러 이르는 말

칠 필요가 없사옵니다. 사람의 천품은 교육으로 고쳐질 수 있는 것이 아니옵니다. 백성들은 글을 알 필요 없이 그대로 사는 것이 마땅하옵니다."

"무어라? 괘씸한지고. 백성이 미천한 것은 태어나길 그리 태어난 것이 아니라, 글자를 알지 못하고 배우지 못했기 때문이다. 백성들도 글을 알아 마땅히 자신의 뜻을 표현해야 하지 않겠는가? 백성의 천품이 교육으로도 바뀌지 않는다니, 감히 어디서 과인의 백성을 **능멸**하는가? 백성을 업신여기며 천하다고 하는 관리는 필요 없다."

화가 난 세종은 정창손을 관직에서 물러나게 하였다. 또한 최만리를 비롯해 한문을 선호하고 우리글을 만들지 못하게 하는 신하들을 의금부에 하룻밤 가두었다. 반성하라는 의미였다.

세종의 훈민정음에 대한 신념과 열정은 아무도 말릴 수 없었다. 세자와 왕자, 공주도 세종을 도와 훈민정음을 만드는데 적극적이었다. 정인지, 신숙주, 성삼문, 박팽년, 이개, 최항, 이선

능멸 업신여기어 깔봄

로 등 집현전 젊은 학사들도 훈민정음 **창제**에 합류하였다.

세종과 집현전 학사들은 중국말로 기록된 책의 내용을 보다 정확하게 이해하기 위해서 음운학을 연구하기 시작했다. 성삼문과 신숙주는 음운을 배우기 위해 중국의 유명한 언어학자 황찬에게 수시로 다녀와야 했다.

세종은 눈이 짓물러 한쪽 눈을 뜰 수 없어 청주의 냉천으로 요양을 떠나게 되었는데, 그때에도 훈민정음 자료를 한 보따리 챙겨갈 정도였다. 세종은 나랏일을 세자에게 맡기고 오직 한글 연구에만 매달렸다.

몸이 비대했던 세종은 **소갈증**을 비롯해 온갖 병에 시달렸는데, 훈민정음 창제에 매달리면서부터는 몸이 더욱 **쇠약**해졌다.

"전하, 소갈증에는 흰 수탉과 누런 암탉, 양고기가 효험이 있으니, 매일 그것을 드시면 효과를 볼 것이옵니다."

세종의 병세 악화를 안타깝게 여긴 신하들이 고기반찬 들기를 청하였지만 세종은 고개를 저었다.

창제 전에 없던 것을 처음으로 만들거나 제정함
소갈증 당뇨병
쇠약 힘이나 세력 따위가 줄어서 약함

"양고기는 우리나라에서 나는 것도 아니고, 과인의 병을 고치기 위해 살아 있는 동물의 생명을 해칠 수는 없다. 그만두어라."

"전하, 옥체를 돌보셔야 하옵니다. 수라도 제때 드시지 않고 훈민정음 연구에만 매달리시니 옥체가 나날이 쇠약해지시옵니다."

신하들과 내관의 걱정이 끊이지 않았지만 세종은 아랑곳하지 않고 오직 훈민정음 창제에만 신경 썼다.

1446년, 집현전 학사들과 3년여간의 시험 기간을 거쳐 드디어 훈민정음이 완성되었다. 세종은 기쁜 마음으로 훈민정음을 반포하였다.

"우리나라 말이 중국과 달라 한자와는 서로 통하지 아니한다. 이런 까닭에 백성이 말하고 싶은 것이 있어도 그 뜻을 제대로 표현하지 못하는 사람이 많다. 내가 이것을 가엾게 여겨 새로 스물여덟 글자를 만들었으니, 모든 사람들이 쉽게 익혀서 날마다 편리하게 사용하기를 바랄 따름이다."

백성을 사랑하는 세종의 마음이 『훈민정음』 서문에 그대로 나타나 있다.

"훈민정음은 슬기로운 사람은 하루아침을 마치기 전에 깨우치고, 어리석은 사람이라도 열흘이면 배울 수 있다. 심지어 바람 소리와 학의 울음소리, 닭 울음소리, 개 짓는 소리라도 모두 글로 쓸 수 있다."

『훈민정음』 서문에 정인지가 밝혔듯이 소리글자인 한글은 세상의 모든 소리를 표현할 수 있는 글자이다.

『훈민정음』은 백성을 가르치는 바른 소리라는 뜻도 있지만, 훈민정음의 창제 목적과 세종이 쓴 서문, 글자를 만든 원리 등을 상세히 적은 책 이름이기도 하다. 그러나 훈민정음이 처음 반포되자 한자에 익숙한 양반들은 이를 애써 무시하였다.

"우리네 양반은 한문을 사용하니 새로 만든 글자는 아랫것들이나 쓰라고 해야겠네."

"어차피 백성들을 위해 만든 글이니 우리는 배울 필요가 없어."

"이 글은 한자가 아니고 언문이로세."

"소리를 나타내는 방법이 절반밖에 안 되는 것 같으니 반절

일세."

한자를 중요하게 여기는 양반들은 훈민정음을 '언문' 또는 '반절'이라고 부르며 폄하하였다.

하지만 한문을 읽고 쓰는 것을 어려워했던 백성들과 여자들은 훈민정음이 생기자 너도 나도 배우기 시작하였다.

"글이 참으로 배우기 쉽구나."

"우리도 드디어 글을 읽고 쓰게 되었으니, 이 얼마나 기쁜 일인가?"

"이제 우리글이 생겼으니 여자들도 글을 배울 수 있어 좋아요."

백성들과 여자들은 훈민정음을 배우며 몹시 기뻐하였다. 궁궐에서부터 여인들이 훈민정음을 쓰기 시작하자, 양반들은 여자들이 쓰는 글이라고 무시하면서 '암글'이라고도 불렀다.

신하들이 훈민정음을 무시함에도 불구하고 세종은 훈민정음을 알리기 위해 모든 수단과 방법을 동원하였다.

"조정의 정책을 알리는 모든 글은 백성이 알기 쉽도록 훈민정음과 한문 두 가지로 쓰도록 하라."

훈민정음을 보급하기 위한 세종의 노력으로 궁중에서는 훈민정음으로 편지를 주고받았다. 여자들도 글을 배우고, 훈민정음으로 만든 책들이 널리 퍼지자 마침내 백성들도 배워 차츰 글을 읽고 쓸 수 있게 되었다.

자기 생각을 글로 표현할 수 있게 된 백성들은 억울한 일을 덜 당했으며, 나라에서도 백성들에게 전달하고자 하는 것을 보다 쉽게 알릴 수 있게 되었다. 글을 읽고 쓰게 되면서 나라에서 하고자 하는 일을 자세히 알게 된 백성들은 보다 쉽게 나랏일을 이해하고 적극적이 되었다.

1910년대에 한글학자인 주시경 선생이 훈민정음을 현대화하고 문법을 정립하며 '한글'이라는 이름을 사용하였다. 한글은 '크다'는 의미인 '한'에 '글자'의 '글'을 결합한 이름이다.

세계가 인정하는 독창적인 한글을 우리가 쓸 수 있게 된 것은 모두 세종대왕 덕분이다.

『훈민정음』은 우리나라 국보 제70호이다. 또한 세계 2,900여 종의 언어 중에 최고의 평가를 받아, '유네스코 세계 기록 유산'

으로 지정되었다. 유네스코는 1989년에 '세종대왕상'을 만들었는데, 세종대왕상이란 지구촌의 문맹 퇴치를 위해 많은 노력을 기울인 단체나 개인을 선정해서 주는 상이다.

훈민정음으로 편찬된 서적으로는 조선 건국 시조들을 찬양한 『용비어천가』, 석가모니의 일대기를 다룬 『석보상절』과 **찬불가** 인 『월인천강지곡』 등이 있다.

찬불가 석가모니의 공덕을 기리는 노래

천하의 명당 세종대왕릉

 즉위 32년 동안 백성을 돌본 세종대왕은 당시 풍습에 따라 미리 자신의 묘지 터를 잡아야만 했다. 효자인 세종은 자신이 죽으면 아버지인 태종 곁에 묻히고 싶어 하였다.

 세종은 왕비인 소헌왕후가 먼저 죽자, 아버지 태종의 묘(헌릉)가 있는 서울 내곡동 대모산에 왕릉을 조성하였다. 그런데 **지관**과 신하들이 그곳은 **풍수지리**상 좋지 않다며 모두 반대하였다.

 "전하, 현재의 왕릉 자리는 물이 나와 좋지 못합니다. 풍수상

> **지관** 풍수지리설에 따라 집터나 묏자리 따위를 가려서 고르는 사람
> **풍수지리** 지형이나 방위를 인간의 길흉화복과 연결시켜, 죽은 사람을 묻거나 집을 짓는 데 알맞은 장소를 구하는 이론

좋지 못하니 **명당**을 찾아 다른 곳으로 옮기셔야 하옵니다. 현재의 능은 장손의 대가 끊어지는 터이옵니다. 왕실에 좋지 못한 일들이 일어날 수도 있사오니, 통촉하여 주시옵소서."

"자식 된 도리로 부모 곁에 묻히는 것만큼 큰 복이 어디 있단 말인가? 부모님 계신 곳이 천하제일의 명당일 터이니, 그리 알라."

세종은 고집을 꺾지 않았다. 소헌왕후가 죽고 4년 만에 세종도 죽었다. 세종은 소원대로 부모님의 묘소인 헌릉 옆에 왕후와 함께 묻혔다.

그런데 정말 이상한 일이 계속해서 일어났다. 대모산에 세종의 왕릉을 만들자, 지관이 말한 대로 왕손들이 일찍 죽는 것이었다. 세종의 큰아들 문종이 즉위 2년 만에 죽은 데 이어, 그 아들인 단종마저 숙부인 수양대군에게 왕위를 빼앗기고 죽임을 당하였다. 수양대군은 임금이 되자 동생인 안평대군과 금성대군도 죽였다. 그 뒤에도 왕실에서는 계속해서 불길한 일들이 일

명당 풍수지리에서, 후손에게 장차 좋은 일이 많이 생기게 된다는 묏자리나 집터

어났다.

그러자 지관들과 신하들이 끊임없이 상소를 올렸다.

"전하, 왕실에서 흉흉하고 근심스러운 일들이 끊이지 않는 것은 바로 세종대왕의 묘를 잘못 썼기 때문입니다. 반드시 묘를 옮겨야 하옵니다. 조선의 장래와 왕실을 위해서도 꼭 그리하여야 하옵니다."

"알겠노라. 풍수지리에 뛰어난 지관들을 찾아 왕릉을 옮길 곳을 찾도록 하라."

제8대 임금인 예종은 풍수지리에 뛰어난 지관들을 뽑아 세종의 묘를 모실 명당을 찾게 하였다.

왕릉은 임금이 성묘하러 행차했다가 하루 만에 다시 궁궐로 돌아 올 수 있어야 하기 때문에, 궁궐로부터 100리(약 40km, 24.4mile) 안에 있어야 했다. 지관들은 궁궐에서 100리 안에 있는 지역을 다니며 명당을 찾았다.

햇볕이 뜨거운 여름에 명당을 찾아다니던 지관 안효례 일행이 여흥(현 여주) 지역의 북성산 근처를 지나가고 있을 때였다. 갑자기 천둥과 번개가 치면서 소나기가 쏟아져 내렸다.

"어이쿠, 갑자기 웬 소나기가 이렇게 퍼붓나!"

"그러게나 말이오. 어서 비 피할 곳을 찾아봅시다."

지관 일행은 서둘러 주위를 둘러보았다. 그러나 온통 논과 밭뿐인 곳이라 비를 피할 마땅한 장소가 보이지 않았다. 그때 한 사람이 말하였다.

"저기 돌다리를 건너가면 피할 곳이 있을 듯하니, 어서 저리로 갑시다."

사람들이 비를 피하기 위해 다리를 건너갔다. 그런데 그곳에는 제사 음식을 준비하는 재실이 있었다.

그리고 가만 보니, 비가 오는 중에도 재실 위쪽으로 밝은 빛이 보이는 것이었다. 이상하게 여긴 지관 일행이 둘러보았다.

"어허, 이곳이 바로 천하제일 명당이로구나, 명당이야!"

상지관 안효례의 말에 모두가 주위를 둘러보았다. 재실 위에는 무덤이 있는데, 비가 내리는 중에도 무덤에서는 이상한 광채가 나는 것이었다. 쭉쭉 뻗은 소나무들도 마치 무덤을 보호하는 것처럼 보였다.

명당이 되는 조건은, 땅속 기운이 멈추어 생기를 뭉치게 하고 하늘의 기운인 천기를 잘 받을 수 있는 곳이라야 한다. 지관이 둘러보니 마침 그 자리가 웅장함이 깃든 최고의 명당자리였던 것이다.

"산봉우리와 산줄기가 마치 꽃잎 모양으로 혈을 감싸고 있으니 모란 반개형이며, 용이 마치 여의주를 물고 하늘을 나는 모습이니 비룡 승천형이로구나. 무덤 자리는 임금이며, 주변의 산들을 신하로 볼 수 있다. 이는 마치 왕이 신하들과 조회하는 모습으로 보이는 군신 조회형이니, 바로 군왕의 묏자리로다. 이보다 더 좋은 명당은 천하에 없을 것이다."

안효례 지관 일행은 그 길로 궁궐에 가서

그곳이 조선 땅 최고의 명당임을 임금에게 알렸다.

"전하, 여흥에 있는 명당자리는 천하제일이옵니다. 그 어느 땅도 그 기운을 따라 갈 수 없습니다. 그 자리에 왕릉을 조성한다면, 조선의 국운이 백년은 더 이어질 것이며 왕실에도 기쁨과 경사가 찾아올 것이옵니다."

하지만 아무리 명당이라 해도 문제가 있었다.

"왕릉은 원래 궁궐에서 하루 만에 다녀 올 수 있는 100리 안에 있어야 하는데, 여흥의 명당자리는 한양에서부터 180리나 되니 어찌하면 좋겠소?"

"전하, 여흥까지 육로로는 180리라 이

틀이 걸리지만, 뱃길로 간다면 100리가 되니 문제가 되지 않사옵니다."

신하들은 한양에서 여흥까지 남한강 뱃길로는 하루에 다녀올 수 있는 100리이니 문제가 없다고 하여, 도성 100리 원칙에 맞추었다.

그런데 문제가 또 있었다. 바로 명당자리에는 세조 때 우의정을 지낸 이인손의 묘가 이미 조성되어 있었던 것이다. 아무리 임금이라도 우의정을 지낸 신하의 묘를 함부로 없앨 수가 없으니 조정에서도 **난감할** 수밖에 없었다.

예종은 고민 끝에 평양 관찰사로 있던 이인손의 장남 이극배를 한양으로 불러 설득하였다.

임금의 말을 듣던 이극배는 돌아가신 아버지의 유언이 생각나 깜짝 놀랐다. 이인손은 죽기 전에 자신의 묏자리를 잡아 놓고 다섯 명의 자식들에게 유언을 남겼던 것이다.

"후일 가문이 번창하고 자손들이 잘되더라도 내 묘소에는 절

난감하다 이러지도 저러지도 못하여 견뎌 내거나 감당하기가 어렵다

대로 재실이나 묘막을 짓지 마라. 묘소 앞 시냇물이 불더라도 절대로 다리를 놓지 마라. 묘 앞에서 솥단지를 걸고 음식을 하는 것도 안 된다. 꼭 명심하여라."

이인손의 자손들은 당시에 모두 유언을 지키겠다고 약속하였다. 하지만 다섯 아들 모두 대과에 급제하고 정승과 판서 벼슬을 하자 아버지의 묘소에 아무 것도 없는 것이 마음에 걸렸다. 더군다나 우의정을 지낸 아버지에 대한 예의가 아닌 것 같기도 했다.

아버지의 묘소를 가기 위해 시냇물을 건널 때마다 신발을 벗고 맨발로 건너야 하는 것이 양반 체면에 불편하기도 했다. 결국 이인손의 자손들은 시냇물을 건널 수 있게 돌다리를 놓았다.

또 성묘를 하러 갈 때, 비나 눈이 내리면 피할 곳이 없어 고스란히 맞아야 했기에 재실도 지었다. 그런 다음 당연히 재실에서 음식을 해 제사를 지낼 수 있게끔 솥도 걸었다.

그런데 하필 왕릉 자리를 찾던 지관들이 돌다리를 건너 재실로 왔던 것이다. 그리고는 아버지의 묏자리가 왕릉 자리니 다른 곳으로 이장하라는 것이었다.

이인손의 아들 이극배는 그제야 아버지가 왜 그 세 가지를 하지 말라고 했는지를 깨달았건만, 이미 때는 늦은 뒤였다. 아버지의 유언을 지켰다면 명당자리에 아버지의 묘도 그대로 있었을 테고, 자손들이 명당의 기운을 받는 것은 물론 묘를 이장하는 일도 없을 것이었다.

비록 임금이 부탁하는 말투로 이야기를 하지만, 왕명을 거스를 신하는 아무도 없었다. 이극배는 동생들과 의논한 후 왕의 뜻에 따라 아버지의 묘소를 이장하기로 하였다. 아버지의 묘를 개장하던 이극배와 동생들은 깜짝 놀라고 말았다.

"형님, 형님. 이것 좀 보세요. 이것이 뭐랍니까?"

"대체 무엇 때문에 소란이냐?"

큰아들 이극배가 동생을 나무라자, 동생이 손에 쥔 종이를 내밀었다. 그 종이에는 놀라운 내용이 쓰여 있었다.

"필시 모년 모월 모시에 이 터의 진짜 주인이 나타날 것이니, 기쁘게 자리를 양보하라. 이 자리에서 연을 날려 연이 떨어지는 곳에다 묘를 옮겨라."는 것이었다.

이인손은 자신의 묏자리가 왕릉의 자리이고, 어느 순간 옮겨

질 것을 미리 알고 있었던 것이다. 놀란 자손들과 주위 사람들이 신기해하며 그 자리에서 연을 날렸다. 연은 바람을 타고 약 십리를 날다가 떨어졌다.

이인손의 묘는 연이 떨어진 북성산 기슭의 연주리로 이장하였다. 연주리는 현재 신지1리이다.

마침내 세종대왕의 묘를 옮기기 위해 묘를 열었더니 관 속에는 물이 가득 차 있었다. 무덤 자리에 물이 차오르니 좋지 않다고 했던 지관들의 말이 맞았던 것이다.

세종대왕의 묘는 예종 1년(1469)에 현재의 영릉인 여주로 천장하게 되었다.

세종대왕의 묘인 영릉이 여주의 명당에 자리 잡은 뒤로 조선의 국운이 백 년은 더 연장되었다고 전해진다.

조선을 건국하다

세종의 할아버지 조선을 세우다

위화도 회군

　고려 말 이성계와 최영은 중국의 동북 지역에 있는 요동 정벌 문제를 놓고 격렬하게 대립하였다. 우왕은 최영의 주도로 요동 정벌을 추진했고, 이성계는 강력하게 반대한 것이었다.

　우왕 14년에 팔도 도통사에 임명된 최영은 요동을 공격하기 위해 요동으로 떠났다. 그러자 어쩔 수 없이 우군 도통사로 임명된 이성계도 요동으로 출발하였다. 하지만 요동으로 가는 도중에 비가 끊임없이 내리자 이성계가 이끄는 고려군은 압록강

가운데에 있는 섬 위화도에 갇히고 말았다.

"장군님, 비가 너무 많이 내려 강물이 불어났습니다. 군사들이 강물을 건너다간 물에 휩쓸리고 말 것입니다."

"이렇게 비가 내리는데 저 강을 건너다간 우리 모두 물에 빠져 죽고 말 거야."

군사들은 불안에 떨었다.

이성계는 강물이 넘쳐 강을 건널 수 없고 군사들이 먹을 식량마저 없으니, 당시 서울인 개경(현재 개성)으로 돌아가겠다는 편지를 우왕에게 보냈다. 그러나 우왕은 허락하지 않았다.

"이러다간 우리 모두 이곳에서 죽겠구나. 왕이 허락하지 않지만 어쩔 수 없이 돌아가야겠다."

군사들의 원망이 끊이지 않자, 이성계는 뜻을 같이하는 군사들과 함께 위화도를 빠져나와 요동이 아닌 개경으로 향했다.

이성계가 위화도에서 개경으로 돌아온다는 소식을 듣고 최영도 급히 돌아왔다. 최영은 개경을 지키기 위해 이성계의 군사들과 싸웠으나 결국 패하고 말았다. 이성계는 우왕을 강화도로 귀양 보내고 아홉 살이던 왕자 창을 왕위에 앉혔다. 최영은 고려를 망하게 한 죄인으로 몰아 귀양 보내 죽였다.

　강제로 왕위에서 쫓겨나 유배 생활을 하던 우왕은 이성계를 죽이려 하였으나, 그 사실을 들켜 아들인 창왕과 함께 죽임을 당하였다. 고려의 권력자가 된 이성계는 이후 조선을 건국하고 조선 최초의 왕인 태조가 되었다.

세종의 아버지 이방원, 정권을 잡다
제1차 왕자의 난

　태조 이성계는 첫째 부인 신의왕후 한씨와의 사이에 방우, 방과, 방의, 방간, 방원, 방연 여섯 형제를 두었다. 그중 다섯째인 방원은 세종대왕의 아버지로, 이성계가 조선을 건국하는데 많은 도움을 주었다.

　이성계의 첫째 부인 한씨는 이성계가 왕이 되기 전에 죽었다. 이후 이성계는 둘째 부인인 신덕왕후 강씨에게서 방번과 방석 두 아들을 두었다. 태조의 사랑을 받던 강씨는 태조의 최측근인 정도전을 비롯한 신진 사대부 출신들과 가까이 지냈다.

　아버지 이성계가 조선을 건국할 때 가장 공이 컸던 방원은, 태조에게 맏형인 방우를 세자로 책봉할 것을 건의하였다. 하지만 태조는 강씨에게서 태어난 아들인 방석을 세자로 선택하였다. 방원의 이복동생인 방석의 나이는 그때 11살이었다.

　태조의 최측근인 정도전도 강씨가 죽자 나이 어린 방석의 후견인 역할을 하며 세자 방석을 보호하였다. 또한 정도전은 왕족이 거느리고 있는 사병을 국가의 군 지휘 체계 안으로 끌어 들이기 위해, 이들을 군에서 훈련 받도록 하였다. 하지만 개인이 군사를 거느리지 못하게 하려는 정도전의 의도를 알아차린 방원과 방간, 방의 등은 자신의 사병을 훈련에 내보내지 않았다.

위협을 느낀 방원은 태조가 병중에 있던 1398년, 자신의 처남인 민무구, 민무질 등과 함께 정도전, 남은, 심효생 등을 습격해 죽였다. 세자 방석은 폐위시키고 귀양 보내는 길에 죽였다. 그뿐 아니라 방석의 형 방번도 죽였다. 이것이 제1차 왕자의 난이다.

뒤늦게 이 사실을 안 태조는 최측근인 정도전마저 죽임을 당한 사실에 **상심**하며 왕위를 내놓았다. 이에 둘째인 방과가 세자에 책봉되어, 곧 바로 태조의 뒤를 이어 조선 제2대 왕 정종이 되었다.

상심 슬픔이나 근심, 절망 따위로 마음이 상함

제2차 왕자의 난

제1차 왕자의 난 이후 왕위 계승의 야심을 품은 방간이 박포와 함께 사병을 동원해 난을 일으켰다. 그러나 방간은 결국 패하여 방원의 군사들에게 붙잡혔다. 방원은 방간을 죽여야 한다는 측근들의 요청에도 방간을 죽이지 않고 토산으로 귀양 보냈다. 박포는 유배지에서 죽었다. 이를 제2차 왕자의 난이라고 한다.

난이 평정된 뒤, 정종은 상왕 태조의 허락을 얻어 1400년 2월, 이방원을 왕세자로 책봉하였다. 이어 그해 11월 정종은 왕위를 이방원에게 물려주었다.

조선 제3대 임금으로 즉위한 태종 이방원은 세종의 아버지이다.

훈민정음과 현대 한글 비교

자음(닿소리)

훈민정음	명칭	현대한글
ㄱ	기역	ㄱ
ㄴ	니은	ㄴ
ㄷ	디귿	ㄷ
ㄹ	리을	ㄹ
ㅁ	미음	ㅁ
ㅂ	비읍	ㅂ
ㅅ	시옷	ㅅ
ㅇ	이응	ㅇ
ㆁ	옛이응 현재는 쓰지 않음	
ㅈ	지읒	ㅈ
ㅊ	치읓	ㅊ
ㅋ	키읔	ㅋ
ㅌ	티읕	ㅌ
ㅍ	피읖	ㅍ
ㅎ	히읗	ㅎ
ㆆ	여린히읗 현재는 쓰지 않음	
ㅿ	반치음 현재는 쓰지 않음	

모음(홀소리)

훈민정음	명칭	현대한글
ㅏ	아	ㅏ
ㅑ	야	ㅑ
ㅓ	어	ㅓ
ㅕ	여	ㅕ
ㅗ	오	ㅗ
ㅛ	요	ㅛ
ㅜ	우	ㅜ
ㅠ	유	ㅠ
ㅡ	으	ㅡ
ㅣ	이	ㅣ
ㆍ	아래아 현재는 쓰지 않음	

세종 연표

1397.04.10.	정안군 이방원(태종)의 3남으로 한양에서 태어남. 이름은 도.
1398.08.	제1차 왕자의 난. 정안군 이방원이 반대파(정도전, 남은, 심효생 등)와 이복동생 이방번, 이방석, 매제인 이제 등을 제거.
1398.09.	정종 즉위.
1399.03.	도읍을 송도(개성)로 옮김.
1400.01.	제2차 왕자의 난. 회안군 이방간 토산으로 유배.
1400.11.	태종 즉위.
1405.10.	도읍을 한양으로 옮김.
1408.02.	충녕군에 책봉됨. 우부대언 심온의 딸과 혼인함.
1412.05.	충녕대군이 됨.
1414.10.	첫째 아들 향(문종) 태어남.
1417.09.	둘째 아들 유(세조) 태어남.
1418.06.	세자에 책봉됨.
1418.08.10.	즉위함.
1418.09.	셋째 아들 용(안평대군) 태어남. 거처를 창덕궁으로 옮김.
1418.10.	첫 경연을 열어 『대학연의』를 강론함.
1418.12.	장인 심온 죽음.
1419.05.	충청도 비인현 왜적 침입.
1419.06.	이종무 대마도 정벌.
1419.09.	정종 승하.
1419.11.	일본국 사신 부산포에 도착. 전국 사찰에서 노비 제도를 없앰.
1420.01.	넷째 아들 구(임영대군) 태어남.
1420.03.	집현전을 확장함.
1420.07.	어머니 원경왕후 승하.
1421.03.	경자자를 완성하여 인쇄법을 개량함.
1421.10.	첫째 아들 향 세자로 책봉함.
1421.12.	죄인의 억울함을 덜기 위해, '죽을 죄에 해당하는 죄인의 서류를 세 번 심사'하는 '사죄 삼복계법' 제정.
1422.05.	아버지 태종 승하.
1422.09.	여진족 경원부에 침입.
1423.02.	서울 남산에 봉화대를 축조함.
1423.04.	경원부에 목책을 쌓음.
1423.09.	'조선통보' 주조.
1423.10.	백정도 평민과 서로 혼인하여 섞여서 살게 함.
1424.02.	경상도와 전라도에 동전 만드는 주전소 설치.
1424.04.	여러 불교 종파를 선종과 교종으로 통합.
1424.09.	여진족 경원부에 침입.
1425.02.	처음으로 동전을 사용함. 음악 관련 책들을 모으고, 악기와 악보를 만듦.

1425.04.	종이돈 '저화'의 유통을 폐지하고 동전을 전용토록 함.		배우게 함. 『태종실록』 편찬.
1425.08.	경기도 남양에서 경돌을 캠.	1431.04.	광화문 완성. 『태조실록』, 『정종실록』, 『태종실록』을 충주 사고에 보관함.
1425.09.	평양에 단군 사당을 세움.		
1426.02.	법전 『속육전』 편찬.	1431.11.	유구국 사신 도착. 여연군에 성을 쌓음.
1426.08.	『정종실록』 편찬.	1431.12.	『향약채취월령』 편찬.
1426.10.	경복궁의 각 문과 다리 이름을 지음.	1432.01.	『신찬팔도지리지』 편찬.
1426.12.	사가 독서제 시행. 『신속육전』과 『원육전』 및 『등록』 반포.	1432.06.	『삼강행실도』 편찬.
		1433.01.	『신찬경제속육전』 편찬.
1427.05.	박연, 경기도 남양에서 나는 경돌로 편경을 만듦.	1433.04.	최윤덕 여진족 토벌.
		1433.06.	자성군 설치(4군 설치의 시작). 혼천의 완성.
1427.09.	『향약구급방』 간행.		
1428.08.	각 도의 논밭을 측량하여 토지 대장을 만듦.	1433.08.	경복궁 간의대 설치.
		1433.08(윤8월)	근정전에서 양로연을 베풂.
1428.12.	일본에 통신사를 보냄.	1433.09.	장영실 자격루 완성.
1429.02.	편종 주조.	1434.04.	『삼강행실도』 반포.
1430.02.	『농사직설』 반포.	1434.07.	갑인자 완성.
1430.07.	토지 세금 제도인 공법의 가부를 각 도의 수령과 인민들에게 물음.	1434.08.	사정전에서 양로연을 베풂.
		1434.10.	앙부일구 설치.
1430.08.	공법의 가부 숫자를 파악함(우리나라 최초의 여론조사).	1435.03.	전국의 호적을 정리함.
		1435.07.	여진족 여연군에 침입.
1430.10.	노비의 산아 휴가에 관한 법을 제정함.	1435.09.	주자소를 경복궁으로 옮김.
1430.12(윤12월)	아악보 완성.	1436.02.	함길도, 평안도, 황해도의 산천 형세를 그림으로 제작함.
1431.01.	새해 예식에서 새로 만든 아악을 처음 연주함.		
1431.03.	명에 유학생을 보내어 계산법을	1436.12.	병진자(납 활자) 제작.

1437.09.	여진족 정벌.
1437.10.	경원, 경흥을 축성.
1438.07.	'공법'을 경상도와 전라도에 시험 실시.
1439.02.	법에 따르지 않고 사사로이 형벌을 가하던 '남형'을 금함.
1439.07.	성주와 전주에 사고 설치.
1440.05.	경상도와 전라도에서 공법 시행.
1441.07.	충청도에서 공법 시행.
1441.08.	측우기를 제작 비치하고 양수표를 세움.
1441.10.	처음으로 화약 무기인 '화초'를 만들어 평안도와 함길도에 배치.
1443.04.	세자(문종)에게 업무를 대신하게 함.
1443.08.	평안도에 위원군, 우예군 설치.
1443.09.	온성과 종성에 성을 쌓음.
1443.12.	훈민정음 28자를 창제.
1444.01.	'양전산계법'을 인쇄 반포.
1445.01.	음운 연구를 위해 신숙주, 성삼문 등을 요동에 보냄.
1445.03.	화포 장인들에 대한 장려책을 마련함. 『칠정산내외편』 편찬.
1445.04.	『용비어천가』 10권 완성.
1445.10.	『의방유취』 간행.
1446.03.	왕비 소헌왕후 승하.
1446.06.	집현전에서 공법의 폐단을 논의함.
1446.07.	소헌왕후를 영릉에 장사지냄.
1446.09.	훈민정음 반포 및 『훈민정음(해례본)』 발간. 측정 단위를 '곡, 두, 승, 홉'으로 새로 정함.
1446.10.	공문서에 훈민정음을 사용하게 함.
1446.11.	언문청 설치.
1446.12.	아전 선발 시험 과목으로 훈민정음을 정함.
1447.02.	『용비어천가 주해』 완성.
1447.07.	『석보상절』 간행. 『월인천강지곡』 지음.
1447.09.	음운서 『동국정운』 완성.
1447.11.	『사성통고』 편찬.
1448.04.	원손 홍위(단종) 왕세손으로 책봉.
1449.02.	『고려사』를 김종서 등의 관장 하에 새로 고치게 함.
1449.12.	취풍형, 여민락, 치화평 등을 처음 연주함.
1450.01.(윤1월)	의주에 읍성과 행성을 쌓음.
1450.02.	왕세자 문종 즉위.
1450.02.17.	세종 승하.
1450.03.	시호를 '영문예무인성명효대왕'이라 하고, 묘호를 '세종'이라 함.
1450.06.12.	세종, 소헌왕후 심씨가 안장된 영릉 서실에 합장됨.
1469.03.06.	세종과 소헌왕후 여흥의 새 능에 천장됨.

백성을 사랑한 어진 임금 세종대왕

초판 1쇄 발행 2019년 8월 1일

지은이 유명은
그린이 박진수
펴낸이 김경옥
펴낸곳 (주)아롬주니어
디자인, 제작 디자인원(031.941.0991)
출판등록번호 제 406-4060000251002006000051호
주 소 경기도 파주시 문발로 405, 204호
　　　　　서울특별시 마포구 월드컵북로 162-4, 1층(편집부)
전 화 031.932.6777(본사) 02.326.4200(편집부)
팩 스 02.336.6738
이메일 aromju@hanmail.net
ISBN 978-89-93179-79-8 73810

정 가 12,000원

© 유명은, 2019

저작권법에 의해 보호를 받는 저작물이므로 이 책 내용의 일부 또는 전부를 재사용하려면
반드시 저작권자와 도서출판 (주)아롬주니어 양측의 서면 동의를 얻어야 합니다.

이 도서의 국립중앙도서관 출판시도서목록(CIP)은 서지정보유통지원시스템 홈페이지(http://seoji.nl.go.kr)와
국가자료공동목록시스템(http://www.nl.go.kr/kolisnet)에서 이용하실 수 있습니다.(CIP제어번호:CIP2019027591)